स्वामी और उसके दोस्त

अनुवाद

महेन्द्र कुलश्रेष्ठ

स्थापित 1912
100 वर्षों की
श्रेष्ठ प्रकाशन परम्परा
राजपाल

₹ 275

ISBN : 9788170287858

पहला संस्करण : 2013, ग्यारहवाँ संस्करण : 2026

SWAMI AUR USKE DOST (Novel) by R.K. Narayan

(Hindi translation of *Swami and His Friends*)

मुद्रक : जी.एस. ऑफसेट, दिल्ली

राजपाल एण्ड सन्ज़

1590, मदरसा रोड, कश्मीरी गेट, दिल्ली–110006

फोन : 011–23869812, 23865483, 23867791

website : www.rajpalpublishing.com

e-mail : sales@rajpalpublishing.com

www.facebook.com/rajpalandsons

स्वामी और उसके दोस्त

(आर. के. नारायण के अंग्रेज़ी उपन्यास 'Swami and His Friends'
का हिन्दी अनुवाद)

राजपाल

क्रम

सोमवार की सुबह

सोमवार की सुबह थी। स्वामीनाथन की आँख नहीं खुल रही थी। उसे यह दिन हफ्ते का सबसे बुरा दिन लगता था। शनिवार और इतवार की मौज-मस्ती के बाद सोमवार को काम और अनुशासन का मूड बनाना उसे बड़ा मुश्किल लगता था। स्कूल जाने का ख्याल आते ही उसे कँपकपी उठने लगती : उसकी उखड़ती पीली इमारत, लाल आँखों वाले क्लास-टीचर वेदनायगम, लम्बी-पतली छड़ी लेकर टहलते हेडमास्टर...

आठ बजे वह डेस्क के सामने अपने 'कमरे' में आ गया, जो पिताजी के ड्रेसिंग रूम का एक कोना भर था। यहाँ एक मेज़ थी जिस पर उसका सारा सामान—कोट, टोपी, स्लेट, दवात और किताबें बेतरतीब पड़े थे। स्टूल पर बैठकर उसने आँखें बंद कर लीं और सोचने लगा कि आज उसे क्या-क्या करना है: सबसे पहले गणित की पाँच पहेलियाँ, कि कितना फायदा हुआ और कितना घाटा; फिर थी अंग्रेज़ी, उसे आठवें पाठ से एक पूरा पन्ना नकल करना था और मुश्किल शब्दों के डिक्शनरी से अर्थ ढूँढने थे; और इसके बाद भूगोल।

और यह सब काम पूरा करने के लिए उसके पास सिर्फ दो घंटे थे, फिर स्कूल जाने के लिए तैयार होना था।

लाल आँखों वाले वेदनायगम् क्लास ले रहे थे; उनके पीछे कमरे की बड़ी-सी खिड़की थी। उसकी छड़ों के बाहर ड्रिल के मैदान का कुछ हिस्सा और प्राइमरी कक्षाओं का एक कोना दिखाई देता था। कमरे के बायीं तरफ की खिड़कियों से बाहर का खुला मैदान दीखता था जिसके सिरे पर रेलवे की पटरी बिछी थी।

स्वामी के लिए कक्षा का महत्त्व इसलिए ही था कि खिड़कियों से बाहर उसे प्राइमरी के छोटे-छोटे बच्चे एक-दूसरे के ऊपर गिरते-पड़ते दिखाई देते थे और साढ़े बारह बजे रेलगाड़ी छुक-छुक और छूं-छूं करती धीरे-धीरे आगे बढ़ती और सरयू नदी का पुल पार करती दिखाई देती थी।

पहला घंटा शांति से बीत गया। दूसरा घंटा गणित का था। वेदनायगम बाहर निकले और कुछ ही देर में गणित के अध्यापक बनकर वापस आ गये। फिर एक-रस आवाज़ में पढ़ाने लगे। स्वामी बोर हो रहा था। टीचर की आवाज़ उसके सिर से गुज़र रही थी। उसे नींद आने लगी।

टीचर ने घर के काम की कापियाँ माँगीं। स्वामी झट से उठा, सामने आया और मेज़ पर कापी रख दी। टीचर उसके किये सवालों की जाँच करने लगे और वह टकटकी लगाये उनका मुँह देखता रहा। मुँह उसे कुछ अच्छा नहीं लगा। दोनों आँखें एक-दूसरे के बहुत पास थीं और ठोड़ी पर बाल भी, जितने बैंच से दिखाई देते थे, उससे ज्यादा ही थे। सच बात यह थी कि वे बहुत बदशक्ल थे।

तभी उसकी तंद्रा टूटी और उसे बायीं कुहनी के मुलायम माँस में तेज़ दर्द महसूस हुआ। टीचर एक हाथ से यहाँ चुटकी काट रहे थे और दूसरे से सवालों को काटते जा रहे थे। फिर पेज के नीचे लिखा—बहुत खराब। कापी स्वामी के चेहरे पर दे मारी और उसे सीट पर वापस भेज दिया।

अगला घंटा इतिहास का था। लड़के इसका बेचैनी से इन्तज़ार करते थे। डी. पिल्ले इतिहास पढ़ाते थे और सद्व्यवहार तथा हँसी-मज़ाक से क्लास लेने के लिए मशहूर थे। सब कहते थे कि उन्होंने आज तक किसी लड़के को डाँटा-फटकारा नहीं है। इतिहास पढ़ाने का उनका तरीका शिक्षण के सब नियमों से अलग उनका अपना था। वे वास्को द गामा, क्लाइव, हेस्टिंग्स वगैरह की कहानियाँ बड़े विस्तार से बयान करते थे। जब वे इतिहास में हुई लड़ाइयों के बारे में बताते तो लड़कों को तलवारों की खनक और ज़मीन पर गिरनेवालों की चीखें सुनाई देने लगती थीं। हेडमास्टर साहब जब कभी दबे पाँव उनकी कक्षा के बगल से गुज़रते तो वे कमरे में शोर-शराबा न देखकर परेशान हो उठते थे।

इसके बाद धर्म-शिक्षा का घंटा होता था। यह घंटा भी उबाऊ नहीं होता था। इसमें भी मज़ेदार घटनाओं की तस्वीरें दिखाई देती थीं : जैसे—लाल सागर का पानी कम होता जा रहा है जिससे इज़रायली देश छोड़कर भाग सकें; पहलवान सैमसन के ज़बरदस्त कारनामे; ईसा मसीह कब्र से बाहर निकल रहे हैं, वगैरह। परेशानी एक ही थी कि धर्म-शिक्षक एबेनज़र बड़े कट्टर ईसाई थे।

उन्होंने मुट्ठियाँ बाँधकर कहना शुरू किया, 'अरे, मूर्खो, तुम गंदी, बेजान, लकड़ी और पत्थर की मूर्तियों की पूजा क्यों करते हो ? क्या वे बोल सकती हैं ? नहीं। देख सकती हैं ? नहीं। आशीर्वाद दे सकती हैं ? नहीं। तुम्हें स्वर्ग ले जा सकती हैं ? नहीं। ऐसा क्यों है ? क्योंकि वे बेजान हैं। जब मुहम्मद गज़नी ने तुम्हारे देवताओं को तोड़ा, उन्हें पैरों तले रौंदा, और उनके पत्थर से अपने पेशाब घर बनवाये, तब वे क्या कर सके ?

अगर उन मूर्तियों में जान होती तो उन्होंने हमलों का मुकाबला क्यों नहीं किया?'

इसके बाद उन्होंने ईसाई धर्म की चर्चा शुरू की–'अब देखो हमारे ईसा मसीह के काम। वे बीमारों का इलाज करते थे, गरीबों की मदद करते थे, लोगों को स्वर्ग ले जाते थे। असली भगवान थे वे। उन पर श्रद्धा करोगे तो स्वर्ग जाओगे, स्वर्ग हमारे अपने भीतर ही है।' यह कहते हुए उनकी आँखों से आँसू निकलने लगते, मानो ईसा उनके सामने ही खड़े हों। इसके बाद कृष्ण की याद आते ही उनका चेहरा गुस्से से नीला हो उठता–तुम्हारे कृष्ण की तरह हमारे ईसा क्या लड़कियों के पीछे भागते फिरते थे? उस ज़बरदस्त बदमाश की तरह क्या ईसा लोगों के घरों से मक्खन चुराते फिरते थे? क्या वे अपने साथियों के साथ तुम्हारे कृष्ण की तरह चालबाज़ियाँ करते थे?'

इतना कहकर वे रुक गये। आज तो वे असह्य हो उठे थे। स्वामी का खून खौल उठा। उसने सीट से उठकर पूछा, 'ईसा ने कोई गलत काम नहीं किया तो उन्हें सूली पर क्यों चढ़ाया गया?' टीचर ने कहा कि क्लास खत्म होने के बाद वह उससे मिले, तब वह इस सवाल का जवाब देगा। यह उत्तर सुनकर स्वामी ने एक सवाल और दाग़ दिया; अगर वे भगवान थे तो माँस-मछली क्यों खाते थे और शराब क्यों पीते थे?' ब्राह्मण होने के कारण स्वामी को यह सही नहीं लगता था कि भगवान को ये सब चीज़ें खाना-पीना चाहिए। यह सवाल सुनकर एबेनज़र अपनी कुर्सी से उठे और आगे बढ़कर स्वामी का कान मरोड़ने लगे।

दूसरे दिन स्वामी स्कूल जल्दी आ गया। घंटी बजने में अभी आधा घंटा बाकी था। और दिन होता तो वह मैदान में दौड़ लगाने और इमली के पेड़ के नीचे पड़ी इमलियाँ बटोरने में अपना खाली समय बिताता। लेकिन आज वह एक तरफ बैठा कुछ सोच रहा था। उसकी जेब में एक मोटा-सा खत रखा था। वह उसे छूता और परेशानी महसूस करता।

वह सोच रहा था कि रात को खाने के समय पिता को एबेनज़र वाली घटना बताकर उसने बड़ी गलती की।

जैसे ही घंटी बजी, वह हेडमास्टर के कमरे में गया और उन्हें यह खत पकड़ा दिया। हेडमास्टर ने उसे पढ़ना शुरू किया, और उनका चेहरा गंभीर होता गया। खत में लिखा था :

महोदय,

मैं आपको सूचित करना चाहता हूँ कि मेरे बेटे स्वामीनाथन को जो कक्षा एक, सेक्शन ए, का छात्र है, कल धर्म-शिक्षा के अध्यापक ने ज़बरदस्त गुस्से में मारा।

मुझे पता चला है कि यह अध्यापक हिन्दू धर्म की चर्चा करते हुए देवताओं का अपमान करता है और गलत भाषा का प्रयोग करता है। बच्चों पर इसका बुरा असर पड़ना स्वाभाविक है। इन विषयों में सहिष्णुता बरतना ज़रूरी है, मैं यह कहना चाहता हूँ।

मुझे यह भी बताया गया है कि जब मेरे बेटे ने कुछ सवाल पूछने चाहे, तो उसके साथ इस अध्यापक ने दुर्व्यवहार किया। उसके कान कस कर उमेठे, जो, जब वह घर आया, तब तक लाल थे।

इन घटनाओं से मैं इस नतीजे पर पहुँचा हूँ कि आप अपने स्कूल में गैर-ईसाई बच्चे नहीं चाहते। यदि यह सत्य है तो हमें सूचित करें जिससे हम अपने बच्चों को आपके स्कूल से निकालकर दूसरे स्कूल में डाल दें। आपको मालूम होगा कि हमारे कस्बे मालगुड़ी में एलबर्ट मिशन स्कूल ही अकेला स्कूल नहीं है। मैं आशा करता हूँ कि आप इसकी जाँच करेंगे और मुझे उत्तर देने की कृपा करेंगे। ऐसा न होने पर मैं उच्च अधिकारियों का ध्यान इस ओर आकर्षित करूँगा और आपके स्कूल का गैर-ईसाई आचरण उनके सामने रखूँगा।

आपका

—डब्लू. टी. श्रीनिवासन

स्वामी बाहर निकला तो लड़के उसके चारों ओर घिर आये और पूछने लगे कि क्या बात थी। लेकिन स्वामी ने उनके सवालों का कोई जवाब नहीं दिया और चुप बना रहा।

क्लास में चार लड़के ही ऐसे थे जिनसे स्वामी की दोस्ती थी और जिनकी वह इज़्ज़त भी करता था। इन्हीं को उसका विश्वास भी प्राप्त था। पहला था क्लास का मानिटर सोमू जो बड़े आराम से सब काम-धाम करता था। जो भी उसे करना होता, बड़ी शांति और विश्वास से करता था। वह अपने टीचरों के साथ भी घुल-मिलकर रहता था। कोई टीचर उससे क्लास में सवाल नहीं पूछता था। लेकिन इसका मतलब यह नहीं था कि वह पढ़ाई में भी अच्छा था। लोग सोचते थे कि हेडमास्टर ही उसे डाँट सकता है। दरअसल क्लास में उसकी स्थिति चाचा की तरह थी।

दूसरा लड़का था मणि, सबसे बेकार लेकिन सबसे ताकतवर। क्लास के सब लड़कों से वह ऊँचा और तगड़ा था। वह बहुत कम किताबें लेकर क्लास में आता और होमवर्क की परवाह नहीं करता था। क्लास में आकर वह आखिरी बेंच पर कब्ज़ा कर लेता और फिर आराम से पैर फैलाकर सो जाता। कोई टीचर उससे उलझने की हिम्मत नहीं करता था। कहा जाता था कि एक नए अध्यापक ने उससे कुछ पूछा

और उसकी जान पर ही बन आई। जो भी मणि के सामने पड़ता, बड़ा या छोटा, उसे वह परेशान करता ही था। लोग उसे आता देखकर रास्ता बदल देते थे! टोपी वह तिरछी करके पहनता, हाथ में उसके कोई तमिल उपन्यास होता, और बहुत दिनों से वह इसी स्कूल में पढ़ता रहा था—बूढ़ा चपरासी उसे शुरू से ही यहाँ देखता चला आ रहा था। सभी क्लासों में वह कई-कई साल गुज़ारता। स्वामी को गर्व होता था कि मणि उसका दोस्त है। दूसरे लड़के उससे डरकर रहते पर स्वामी उसे पीठ पर धौल जमाकर बात करता और सीधा 'मणि' नाम लेकर पुकारता था। वह उससे यह पूछता भी था कि यह शक्ति उसे किस तरह प्राप्त हुई है। मणि जवाब देता कि उसके पास घर में दो मुगदर हैं जिनसे वह किसी का भी सिर फोड़ सकता है।

तीसरा लड़का था शंकर, जो क्लास का सबसे तेज़ छात्र था। वह हर सवाल का जवाब पाँच मिनट में निकाल देता, उसे सौ में से नब्बे नंबर प्राप्त होते थे। कुछ लड़के यह भी सोचते थे कि यदि शंकर टीचरों का इम्तहान लेने लगे तो उनकी सिट्टी-पिट्टी गुम कर दे। कुछ लड़के उसके बारे में यह भी सोचते थे कि वह इतना तेज़ नहीं है और बड़ों की चमचागिरी करके पहले ही सवालों के जवाब जान लेता है। वह टीचरों के कपड़े धोता है, जिससे वे उसे नब्बे नंबर दे देते हैं। वह क्लास में टीचरों से अंग्रेज़ी में बात कर सकता था। उसे दुनिया की सब नदियों, पहाड़ों और देशों के नाम पता थे। वह नींद में इतिहास बोलता था। व्याकरण उसके लिए बच्चों का खेल थी। उसका चेहरा बुद्धि से चमकता रहता था, यद्यपि नाक से हमेशा पानी बहता रहता था। जब वह क्लास में आता तो उसके बाल कढ़े होते और एकाध फूल भी लगा होता था, और स्वामी को उस का यह रूप बहुत अच्छा लगता था। उसने मणि को इस बात के लिए तैयार कर लिया कि शंकर को भी दोस्तों में शामिल कर लिया जाय। लेकिन मणि उसे अपने ही ढंग से लेता और अपनी दोस्ती दिखाने के लिए उसकी पीठ पर एक तगड़ी धौल जमा देता था। फिर वह अपना सिर खुजलाकर उससे यह पूछता कि इतनी अक्ल उसे कहाँ से किस तरह प्राप्त हो गई है और इसका थोड़ा-सा हिस्सा वह उसे भी क्यों नहीं दे देता।

चौथा लड़का था सैमुएल जिसे उसके शरीर के आकार के कारण 'मटर' नाम दिया गया था। उसमें कोई खास बात नहीं थी। मामूली-सा लड़का था वह, न बदन में ताकत, न दिमाग में कोई खास अक्ल। स्वामी की ही तरह उसका गणित बहुत कमज़ोर था। उनकी तरह वह भी शक्की, दुर्बल और अस्थिर था। एक ही तत्त्व उन्हें आपस में जोड़ता था—हँसी। दुनिया की चीज़ों में उन्हें एक जैसी ही कमियाँ और मज़ाक वाली बातें दिखाई देती थीं। जिन बातों पर दूसरों का बिलकुल भी ध्यान न जाता, उनपर वे हँस-हँसकर लोट-पोट होते रहते थे।

स्वामी ने जब साथियों को बताया कि पिताजी ने खत में क्या लिखकर हेडमास्टर को भिजवाया है, तो सबको अच्छा लगा। सोमू ने सबसे पहले अपनी भावना व्यक्त की और स्वामी की तरफ देखकर पूरे दाँत निपोर दिये। शंकर ने गंभीरता दिखाते हुए कहा, 'लोग जो भी कहें, तुमने अपने पिता को यह बात बताकर अच्छा ही किया' मणि ने आँखें बंद की और 'हूँ' करते हुए अपना समर्थन जताया। उसे यह सोचकर दुख हुआ कि इसे सुलझाने के लिए बड़ों की सहायता ली गई। इस तरह की बातें कक्षा की दीवारों से बाहर नहीं जानी चाहिए। यह सही नहीं हुआ। अगर वह स्वामी की जगह होता तो, ज्यादा बड़ी चीज़ न मिलने पर, स्याही की दवात ही फेंककर टीचर के मुँह पर दे मारता। खैर, स्वामी ने जो किया, ठीक ही किया, चुप रहता तो बहुत ही बुरा होता। अब धर्म-शिक्षक ज़रा सँभलकर रहे, वह उसकी गर्दन मरोड़ देगा और पीठ की हड्डियाँ तोड़कर रख देगा।

'मटर' नामक सैमुएल बहुत असहज महसूस कर रहा था। एक ओर तो वह कोई टिप्पणी करना चाह रहा था, दूसरी ओर स्वयं ईसाई होने के कारण उसे एबेनज़र की बातों में कोई कमी नहीं नज़र आ रही थी, क्योंकि वह ईसाई धर्म के दस आदेशों में से एक की ही व्याख्या थी। उसे लगा कि उसे एबेनज़र का समर्थन करना चाहिए। इसलिए उसने एबेनज़र के कपड़ों और रहन-सहन की बुराई करके छुट्टी पा ली।

कक्षा को इस मामले की खबर लग गई थी। जब धर्म-शिक्षा का घंटा शुरू हुआ, लड़के कुछ होने का इन्तज़ार कर रहे थे। लेकिन हुआ कुछ भी नहीं। एबेनज़र हमेशा की तरह बोलता रहा। उस दिन उसने भगवद्गीता को उधेड़ने का निश्चय किया हुआ था। और सचाई भी यह है कि काफी उदार किस्म की इस रचना पर कुछ भी टिप्पणी की जा सकती है। एबेनज़र ने इस तथ्य का हथियार बनाकर उसके बारे में बहुत कुछ कहा।

हमेशा की तरह उसके शब्द बहुत पैने थे लेकिन उनमें विद्वत्ता भी झलकती थी। उसने गीता को हिन्दुत्व का आधार बनाकर उसके टुकड़े-टुकड़े कर दिये। धीरे-धीरे वह भाषण की चोटी पर चढ़ता जा रहा था। बाइबल बेचारी मेज़ पर चुपचाप पड़ी थी।

तभी हेडमास्टर साहब ने कक्षा में कदम रखा। एबेनज़र बोलते-बोलते रुक गया, और हड़बड़ा कर कुर्सी पीछे धकेलते हुए उठ खड़ा हुआ। उसने सवालिया नज़र से हेडमास्टर की तरफ देखा। उन्होंने गंभीरता से बोलते रहने को कहा। इस बीच एबेनज़र ने चुपचाप बाइबिल के भीतर अपनी एक उँगली रख दी थी। हेडमास्टर का आदेश पाकर उसने भौं सीधी की, हल्के से मुस्कराया और उँगली वाला बाइबिल का पन्ना खोलकर पढ़ना शुरू किया। यह ईसा के जन्म का विवरण था। यह महान

घटना हो चुकी थी। दैवी शिशु घास पर लेटा था। पूर्व दिशा से सितारे की राह से आये देवदूत उसकी वंदना कर रहे थे।

लड़के अनमने-से सुनते रहे। उन्हें इससे कोई फर्क नहीं पड़ता था कि भगवद्गीता की रोशनी में हिन्दू धर्म की आलोचना सुनें या ईसा मसीह के जन्म की कहानी सुनें।

हेडमास्टर साहब कुछ देर तक सुनते रहे, फिर अचानक एक सवाल पूछ बैठे, 'तिमाही इम्तहान पास आ गये हैं और तुम अभी जन्म की कहानी ही पढ़ा रहे हो? ईसा सूली पर चढ़ाये जायेंगे, फिर प्रकट होंगे—और इसे दोहराने का काम कब पूरा करोगे?'

एबेनज़र इस सवाल से हक्का-बक्का रह गया। उसे समझ नहीं आया कि क्या जवाब दे। इसलिए उसने यह सफाई देकर छुट्टी पाने की कोशिश की कि आज के दिन वह दोहराने का ही काम करता है। दरअसल वह पूरी कहानी बता चुका है, और ईसा के आखिरी भोज तक पहुँच गया है।

स्कूल बंद होने के समय स्वामी को हेडमास्टर साहब के दफ्तर में पहुँचने का संदेश आया। उसे जैसे ही यह नोट मिला, उसकी पहली प्रतिक्रिया हुई कि वह घर भाग जाए। उसने मणि से यही कहा तो मणि ने उसका हाथ पकड़ा और हेडमास्टर के कमरे के भीतर तक धकेलता हुआ ले गया। स्वामी लड़खड़ाते हुए हेडमास्टर के सामने जाकर खड़ा हो गया।

एबेनज़र एक स्टूल पर बैठा था, बकरी की तरह मुँह बनाये। हेडमास्टर ने पूछा, 'क्या शिकायत है, स्वामीनाथन?'

'कोई नहीं...सर,' स्वामी ने जवाब दिया।

'तो फिर यह चिट्ठी क्यों आई है?'

'जी... हाँ...,' स्वामी ने लड़खड़ाती आवाज़ में कहा।

एबेनज़र ने मुस्कराने की कोशिश की। स्वामी सोचता रहा कि किस तरह यहाँ से मुक्ति मिले? एबेनज़र अब हिन्दू धर्म और देवी-देवताओं की चाहे जितनी बुराई करे, वह सब सुन लेगा, कभी शिकायत नहीं करेगा।

'तुम्हें पता है, स्कूल में मेरा काम क्या है?' हेडमास्टर ने स्वामी से सवाल किया।

स्वामी इस सवाल का ज़वाब ढूँढ़ने लगा, हेडमास्टर लड़कों के पिताओं से चिट्ठियाँ लेने के लिए हैं, या एबेनज़र जैसों की लानत मलामत करने के लिए हैं, या हर सोमवार को ठीक बारह बजे अपनी छड़ी से छह बार ठक्-ठक् करने के लिए... लेकिन इस सवाल की जरूरत ही क्या है?

'मुझे पता नहीं, सर,' उसने नादानी से जवाब दिया।

'मैं यहाँ तुम सबकी देखभाल करने के लिए हूँ,' हेडमास्टर ने कहा।

स्वामी को यह जानकर अच्छा लगा कि इस सवाल का जवाब इतना आसान है।

'इसलिए,' हेडमास्टर ने कहना जारी रखा, 'जब तुम्हें कुछ मदद की ज़रूरत हो, तो पिताजी के पास जाने की जगह तुम्हें मेरे पास आना चाहिए।'

स्वामी ने एबेनज़र पर एक तिरछी नज़र डाली जो कुर्सी पर बैठा काँप रहा था।

हेडमास्टर साहब ने फिर कहा, 'तुम इस ज़रा-सी बात के लिए अपने पिता के पास गये, यह मुझे अच्छा नहीं लगा। मैं इस पर विचार करूँगा। यह खत पिताजी को दे देना।'

स्वामी ने खत हाथ में लिया और चैन की साँस लेकर कमरे से बाहर निकल आया।

राजम और मणि

सरयू नदी मालगुडी की शान है। कस्बे की आखिरी सड़क एलामन स्ट्रीट से, जहाँ ज्यादातर तेलिये रहते हैं, यह दस मिनट की दूरी पर है। इसके किनारे की रेत पर कस्बे के सभी लोग शाम के वक्त घूमने आते हैं। कोई महत्त्वपूर्ण अतिथि आये तो म्युनिसपेलिटी के अध्यक्ष उसे टाउन हाल की सबसे ऊँची छत से चाँदनी रात में कुछ दूर चाँदी की पट्टी की तरह उत्तर दिशा की ओर बहती सरयू नदी को दिखाते थे।

आज शाम भी ढेर सारे लोग किनारे पर जमा थे। स्वामी और मणि भी एक सीढ़ी पर नदी के जल में पैर लटकाये बैठे थे। बगल में खड़े विशाल पीपल के वृक्ष की पत्तियाँ हवा में लहरा रही थीं। उसके कुछ पत्ते और टहनियाँ टूट-टूटकर नीचे बहते पानी में गिर रहे थे। चिड़ियों की चहक से वातावरण गूँज रहा था। यहाँ से काफी दूर, नल्लप्पा के आम वृक्षों के बाग के समीप बहती धारा में गाय-भैसों का एक झुंड नदी पार कर रहा था। फिर एक बैलगाड़ी वहाँ से गुज़री, गाड़ीवान मज़े से गाना गुनगुना रहा था। सूरज करीब पंद्रह मिनट पहले डूब चुका था। जिसकी लालिमा चारों ओर फैल रही थी।

अचानक मणि ने पूछा, 'इस जगह पानी बहुत गहरा है, है न?'

'हाँ, है, लेकिन क्यों?'

'मैं यहाँ राजम को लाऊँगा, उसे ऊपर ले जाऊँगा और नदी में फेंक दूँगा'

राजम पहली कक्षा के सेक्शन ए में नया-नया आया था। दूसरी तिमाही के पहले दिन वह मज़े-मज़े से चलता क्लास में आया, आखिरी बेंच तक जाकर मणि के पास आराम से बैठ गया, और तब तक चुप बैठा रहा जब तक मणि ने उसे धकेलने के लिए ज़ोर से कुहनी मारी, जिसका उसने उससे भी ज्यादा ज़ोर से कुहनी मार कर जवाब दिया। पहले ही दिन उसने पूरी क्लास पर अपना रौब कायम कर लिया। वह नया विद्यार्थी था, अच्छे कपड़े पहनता था—क्लास में वही अकेला लड़का था जो जूते और मोज़े दोनों पहनता था, फ़र की टोपी और टाई लगाता था और शानदार कोट तथा निकर पहनता था। यही नहीं, वह कार में बैठकर स्कूल आता था।

यही नहीं, उसने यह भी साबित कर दिया था कि पढ़ने में भी वह बहुत तेज़ था। उड़ती खबरें ये भी थीं कि वह मद्रास के किसी अच्छे अंग्रेज़ी स्कूल से यहाँ आया था। वह अंग्रेज़ी भी बहुत अच्छी बोलता था, 'बिलकुल किसी यूरोपियन की तरह', जिसका मतलब यह हुआ कि यहाँ किसी को वह समझ नहीं आती थी। कक्षा के बहुत से लड़के तो उससे बात करते भी हिचकते थे, क्योंकि उनकी 'टूटी-फूटी अंग्रेज़ी' का खज़ाना बहुत थोड़ा था। सिर्फ शंकर ही, जिसे क्लास का 'जीनियस' समझा जाता था, उससे बात करने की हिम्मत करता था, हालाँकि राजम के सामने उसकी अंग्रेज़ी बहुत कमज़ोर और मामूली थी।

इसी राजम को मणि अपना प्रतिद्वन्द्वी मानता था। वह मणि के प्रति एक विशेष प्रकार की अवज्ञा से पेश आता था, जिसका मणि बिलकुल अभ्यस्त नहीं था। मणि अगर उसे कुहनी मारता, तो राजम भी कुहनी से ही जवाब देता। मणि ठोकर मारता, तो वह भी ठोकर लगा देता था। अगर मणि क्लास में मुखिया की तरह था, तो राजम भी मुखिया ही था। इसमें यह भी बात जोड़नी होगी कि राजम को सत्तर फीसदी नंबर मिलते थे, और शंकर के बाद उसका स्थान दूसरा था। सब को यह ज्ञान हो गया था कि राजम कक्षा का नया पहलवान था। जैसे-जैसे दिन बीतते जाते थे, वह मणि के ऊपर छाता जा रहा था और उसके लिए यह एक नई समस्या पैदा हो गई थी।

नदी की सीढ़ियों पर बैठकर यह कहने के पीछे कि राजम को वह बाँधकर पानी में फेंक देगा, पूरी कहानी यह थी। स्वामी को यह सुनकर डर लगा और वह बोला, 'तुम भूल जाते हो कि उसके पिता पुलिस सुपरिंटेंडेंट हैं।' मणि कुछ देर चुप रहा, फिर बोला, 'मैं किसी की परवाह नहीं करता। किसी दिन मैं अपने मुगदर से उसके कंधे तोड़ डालूँगा।'

'तुम्हारी जगह मैं होता तो पुलिस के लोगों से दूर ही रहता। बड़े खतरनाक होते हैं ये,' स्वामी ने कहा।

'मेरी जगह तुम होते! अरे वाह! शुक्र है कि तुम्हारी जगह मैं नहीं हूँ, कायर कहीं का!'

स्वामी ने यह सुनकर अपने ओंठ काट लिये और एक आह भरी।

मणि ने और भी कुछ कहा, 'मैं देखता हूँ कि तुम राजम से बहुत दोस्ती बढ़ा रहे हो। मैं तुम्हें चेता रहा हूँ। हाथ-पैर बचाकर रखना। यही कह सकता हूँ मैं तुमसे।'

इस पर स्वामी ने उसका विरोध किया। मणि क्या यह सोचता है कि स्वामी उसके अलावा किसी और की इज्जत कर सकता है, मणि ही तो उसका सबसे पुराना जिगरी दोस्त और नेता है। यह ख्याल उसे आया ही क्यों? स्वामी को जहाँ तक याद पड़ता है, वह तीन गज़ से ज्यादा राजम के पास गया ही नहीं। वह तो उससे नफरत

करता है। नया अमीर बनता है! मणि ने उसे राजम के साथ कब देखा? हाँ, ठीक है, सोमवार को ड्राइंग की क्लास में देखा होगा! राजम ही खुद उससे बात करने आया था और उसने तो मुँह ही फेर लिया था। गधे को पेंसिल-तराश की ज़रूरत थी, और उसने उसे नहीं दिया था, उलटे कह दिया था कि इतनी ज़रूरत है तो दुकान जाकर खरीद लाओ। अरे, राजम और मणि के बीच कोई बराबरी है?

मणि यह सुनकर बेहद खुश हो उठा। उस शाम वह पहली दफा हँसा, और दिल खोलकर हँसता रहा। उसने प्यार दिखाने के लिए स्वामी को इतने ज़ोर से झकझोरा और उसके कान उमेठे, कि वह तिलमिलाकर चीखने लगा। फिर अचानक उसने पूछा, 'मैंने जो बताया था, वह चीज़ तुम लाये?'

'अरे मणि, मुझे माफ़ कर दो तुम। माँ पूरे वक्त किचेन में घुसी रहीं। मैं 'वह' चीज़ ले ही नहीं सका।' – 'वह चीज़' का मतलब था नीबू का अचार'।

'तुम बड़े बेकार आदमी हो। कितनी मजेदार शाम हैं—यहाँ बैठकर खाते।'

स्वामी को राजम और मणि के बीच बातचीत की कड़ी का काम करना होता था। वे क्लास की आखिरी बेंच पर पीली दीवार के सहारे बैठे थे। स्वामी राजम और मणि के बीच में था। सामने डेस्क पर उनकी किताबें रखीं थीं लेकिन दिमाग दूसरी बात में मशगूल थे।

मणि ने एक कागज़ के टुकड़े पर लिखा, 'तुम आदमी हो क्या?' और स्वामी को पकड़ा दिया, जिसने उसे राजम की तरफ सरका दिया और गुस्से से उसकी तरफ देखा। राजम ने उसे पढ़ा, तोड़ा-मरोड़ा और दूर फेंक दिया। इसके बाद फिर मणि ने कागज़ पर वही बात लिखी और उसमें एक वाक्य और जोड़ दिया, 'इसका जवाब नहीं दोगे तो तुम कुत्ते की औलाद हो,' और आगे बढ़ा दिया। राजम ने उसे पढ़ा, घूरकर स्वामी की तरफ देखा और कहा, 'शैतान, मुझे परेशान मत करो,' और इसे भी मरोड़कर फेंक दिया।

यहाँ आकर बातचीत रुक गई।

तभी टीचर ने कहा, 'स्वामी, खड़े हो जाओ,' और स्वामी आज्ञाकारी छात्र की तरह उठकर खड़ा हो गया।

टीचर ने पूछा, 'लिस्बन किस बात के लिए मशहूर है?'

स्वामी ज़रा हिचकिचाया, फिर जवाब दिया, 'स्पेन की राजधानी होने के लिए।'

टीचर ने अपनी मूँछ पर हाथ फेरा और दूसरा सवाल किया, 'भारत की जलवायु के बारे में तुम क्या जानते हो?'

'यह गर्मी में गरम और सर्दी में ठंडी होती है।'

टीचर चीखा, 'बेंच पर खड़े हो जाओ।' स्वामी चुपचाप बेंच पर खड़ा हो गया। वह खुश हुआ कि उसे बेंत की सज़ा न मिलकर यह सज़ा दी गई है।

टीचर पाठ पढ़ाता रहा : अफ्रीका जंगलों का देश है। नील वहाँ की सबसे महत्त्वपूर्ण नदी है। समझ में आ रहा है? मैंने क्या कहा अभी? उसने पहली बैंच पर एक लड़के की तरफ इशारा करके इस सवाल का जवाब देने को कहा। लड़के ने फुर्ती से जवाब दिया कि नील अफ्रीका की सबसे महत्त्वपूर्ण नदी है, और टीचर इस जवाब से संतुष्ट हो गया। और नील क्या है? और इस पर एक लड़के ने लपककर जवाब दिया कि यह अफ्रीका की सबसे महत्त्वपूर्ण नदी है—तो उसे डाँट पड़ी क्योंकि जब तक किसी से कहा न जाय, उसे जवाब नहीं देना चाहिए। चुप हो जाओ! चुप हो जाओ! आज क्लास में इतना शोर क्यों मच रहा है? चलो, तुम सब शोर मचाते रहो, इम्तहान में तुम्हें लड्डू नंबर मिलेंगे। तभी तुम ठीक होगे...

स्वामी किसी बात पर ध्यान नहीं दे रहा था। उसका दिमाग घूम रहा था इधर-उधर। क्लास में सब लड़कों के ऊपर वह सबसे ऊँचा खड़ा था, वह सबके सिर देख रहा था, और टोपियों के हिसाब से उसने गिनना शुरू किया : चार लड़के लाल टोपियाँ पहने थे, पचीस गाँधी टोपी लगाये थे, दस फ़र की टोपियाँ, और...

जब स्कूल खत्म हो गया, स्वामी, मणि और राजम, एक जगह बात करने के लिए इकट्ठे हुए। स्वामी दोनों के बीच में था और और बातचीत का ज़रिया बना हुआ था। तीनों इतने पास सिमटे खड़े थे कि फुसफुसाकर बात करते तो भी एक-दूसरे को सुन सकते थे। लेकिन नियम यह था कि दुश्मन किसी को बीच में रख कर बात करते हैं। मणि स्वामी के सामने सीधा खड़ा होकर पूछने लगा, 'तुम आदमी हो क्या?' स्वामी ने राजम की तरफ़ मुड़कर दोहराया, 'तुम आदमी हो क्या?' राजम उबल पड़ा और चीखा, 'कौन कुत्ता सोचता है यह?' स्वामी भी उसी तरह मणि के सामने होकर चीखा, 'कौन कुत्ता सोचता है यह?'

मणि ने सवाल किया, 'तुममें यह साबित करने की हिम्मत है कि तुम आदमी हो?'

स्वामी ने राजम की तरफ मुड़कर यह सवाल भी दोहरा दिया।

'कैसे?'

'कैसे?' स्वामी ने मणि से पूछा।

'कल शाम को नल्लप्पा के बाग के पास मुझे नदी किनारे मिलना।'

'नल्लप्पा के बाग के पास...' स्वामी ने हँसकर दोहराया।

'किसलिए...', राजम ने सवाल किया।

'यह देखने के लिए कि क्या तुम मेरा सिर तोड़ सकते हो?'

'तो तुम्हारा सिर तोड़ना है,' राजम ने कहा।

स्वामी की सेवा खत्म हो गई थी। अब उसे ये शब्द दोहराने का समय नहीं मिला। राजम ने कान फाड़ने वाली आवाज़ में कहा, और उसी आवाज़ में मणि ने जवाब दिया।

अब स्वामी ने कहा, 'तो हम तुम्हारा शाम को वहाँ इन्तजार करेंगे।'

'मैं ज़रूर आऊँगा,' राजम ने भरोसा दिलाया।

मणि ने पूछा कि क्या वह किसी सिपाही को साथ लेकर आयेगा। हरगिज़ नहीं, जवाब आया। फिर मणि ने दूसरा संदेह व्यक्त किया, 'अगर तुम्हें कुछ हो जाता है तो तुम अपने पिता को तो नहीं बताओगे?' राजम ने इसका भी वादा कर दिया, कहा कि वह तो यह सोच भी नहीं सकता।

वे नल्लप्पा के बाग से कुछ गज़ की दूरी पर खड़े थे। छह बज चुके थे और यातायात खत्म हो गया था। सैर करनेवालों की भीड़ यहाँ से काफ़ी दूर पर थी। स्वामी और मणि रेत पर बैठे थे। दोनों एकदम चुप थे। मणि ज़मीन को घूर रहा था, उसके हाथ में एक छोटा सा लकड़ी का मुगदर था। वह सोच रहा था : थोड़ी देर में वह राजम का सिर तोड़कर नदी में फेंक देगा। लेकिन अगर सिर मिल गया तो? मिल भी गया तो लोगों को पता कैसे लगेगा कि यह काम उसने किया है। फिर, राजम अगर भूत बनकर रात को आये और उसे डराये, तो क्या होगा? बाबा के गुज़र जाने के बाद वह अकेला ही सोता था। राजम का भूत रात को आकर उसके बाल खींचे तो... ? अच्छा यही होगा कि उसे मारा न जाय। वह सिर्फ उसकी हड्डियाँ तोड़ेगा और फिर अपने हाल पर छोड़ देगा। अगर उसका सिर तोड़ दे—तो किसी को क्या पता लगेगा। जब तक कि... यह सोचकर उसने स्वामी की तरफ एक तिरछी नज़र डाली, वह चुप खड़ा आँखें झपका रहा था... जब तक कि स्वामी खुद पुलिस को जाकर यह बात बता दे।

तभी बूटों की आवाज़ हुई और दोनों ने देखा कि राजम आ पहुँचा है। वह खाकी रंग की वर्दी पहने था और उसकी बगल में एक हवाई बंदूक दबी हुई थी जो कुछ महीने पहले उसके जन्मदिन पर किसी ने उपहार में दी थी। वह तन कर खड़ा हो गया और बोला, 'मैं आ गया। तैयार हो तुम?'

'देर से आये हो।'

'हाँ।'

'शुरू करें...।'

राजम ने बंदूक निकाली और हवा में दाग़ दी। मणि चौंक उठा। उसके हाथ

ढीले पड़ गये, मुगदर नीचे आ गया।

राजम ने कहा, 'बंदूक की आवाज़ सुनी? अगर तुम अब भी लड़ना चाहते हो तो दूसरी गोली तुम्हारे पार होगी।'

'लेकिन यह सही बात नहीं है। तुम्हारे पास बंदूक है जो मेरे पास नहीं है। हमारी लड़ाई तो हाथों से होनी थी।'

'तो तुम अपना मुगदर क्यों लाये हो? यह तो तुमने कल नहीं कहा था।'

मणि ने सिर नीचे कर लिया।

'यह बताओ, मैंने तुम्हारा क्या बिगाड़ा है?' राजम ने सवाल किया।

'तुमने किसी से कहा कि मैं धोखेबाज़ हूँ।'

'झूठ है यह।'

कुछ देर चुप्पी रही। फिर राजम ने कहा, 'अगर तुम इसी वजह से गुस्सा हो, तो इसे भूल जाओ। मैं तुम्हारा दोस्त बनने को तैयार हूँ।'

'मैं भी हूँ।'

स्वामी ताज्जुब से उन्हें देखने लगा। मणि से दोस्ती का नाटक करते हुए भी वह राजम को पसंद करता था और उससे दोस्ती करना चाहता था। इस बेकार के झगड़े का परिणाम कितना बढ़िया हुआ था। वह खुशी से नाचने लगा। राजम ने अपनी बंदूक नीचे कर ली और मणि ने मुगदर ज़मीन पर डाल दिया। अपनी भावना व्यक्त करने के लिए राजम ने जेब से बिस्कुट निकाले।

नदी मंद गति से बह रही थी, पीपल की पत्तियाँ सर-सर कर रही थीं, देर शाम की हल्की रोशनी चारों ओर फैल रही थी, और नई दोस्ती की उमंग में तीनों बिस्कुट खा रहे थे। स्वामी को दुनिया में बड़ी शांति महसूस हो रही थी।

स्वामी की दादी माँ

सामने के हाल और खाने के कमरे के बीच के अँधेरे रास्ते में स्वामी की दादी माँ अपना सारा साज़-सामान लिये रहती थीं। सामान में था पाँच दरियों को मिलाकर बनाया बिस्तरा, तीन चादरें, पाँच तकिये, जूट का बना एक चौकोर बक्सा और लकड़ी का एक छोटा-सा डिब्बा जिसमें कुछ सिक्के, इलायची, लौंग और सुपारी रखी थी।

रात के भोजन के बाद स्वामी दादी की गोद में सिर रखकर, उससे बिलकुल चिपट कर आँखें बंद कर लेता तो इलायची और लौंग की मिली-जुली हल्की खुशबू के बीच उसे बहुत अच्छा लगता।

'अरे, दादी,' वह ज़ोर से कहने लगा, 'तुम्हें पता है, राजम कितना अच्छा लड़का है!' उसने दादी को राजम और मणि की दुश्मनी और इसके बाद हुई दोस्ती की पूरी कहानी सुनाई।

'तुम्हें पता है,' वह बोला, 'राजम पुलिस वाली वर्दी पहनता है।'

'अच्छा?' दादी ने ताज्जुब से कहा, 'लेकिन क्यों, उसे पुलिस की वर्दी की क्या ज़रूरत है?'

'उसके पिताजी पुलिस सुपरिंटेंडेंट हैं न! वो यहाँ के सारे सिपाहियों के सबसे बड़े अफसर हैं।'

दादी इस बात से बड़ी प्रभावित हुई। उसने कहा कि तब तो उनका दफ्तर भी बहुत बड़ा होगा। उसे पुराने दिन याद आये जब उसका पति, स्वामी का दादा, बड़ा ताकतवर सब-मजिस्ट्रेट हुआ करता था, और उसके दफ्तर में पुलिस के लोग काँपते नज़र आते थे और खतरनाक से खतरनाक डाकू भी भाग खड़े होते थे। स्वामी अपने दादा की कहानी उत्साह से सुनता रहा। लेकिन कहानी खत्म ही नहीं होती थी, दादी बार-बार उन्हीं घटनाओं को एक-दूसरे में गड्ड-मड्ड करके उलटे-सीधे शब्दों में सुनाती चली जा रही थी।

'दादी, अब खत्म करो,' स्वामी ने घबराकर कहा। 'मैं तुम्हें राजम के बारे में

कुछ और बताता हूँ। तुम्हें पता है, उसे गणित में कितने नंबर मिलते हैं?'

'उसे तो पूरे नंबर मिलते होंगे, है न स्वामी?' दादी ने कहा।

'अरे नहीं, उसे सौ में से नब्बे नंबर मिलते हैं।'

'अच्छे हैं ये। और तुम्हें भी उसी के बराबर नंबर लाने की कोशिश करना चाहिए... तुम्हें बताऊँ, तुम्हारे दादा अक्सर अपने जवाब से इम्तहान लेने वालों को भी परेशान कर देते थे। दूसरे लोग जितने वक्त में किसी सवाल का जवाब देते, उससे दसवें समय में वे जवाब दे देते थे। और उनके जवाब इतने ज़ोरदार होते थे कि अक्सर उनके टीचर दो सौ नंबर उनको दे दिया करते थे।'... उन्होंने जब इंटर की क्लास पास की तो उन्हें बहुत बड़ा मेडल इनाम में मिला था। मैंने सालों उसे लाकेट के तौर पर पहना और —कब उतारा मैंने उसे? हाँ, जब तुम्हारी बुआ पैदा हुई... नहीं, नहीं, तुम्हारी बुआ नहीं, जब तुम्हारा बाप पैदा हुआ... हाँ, सौरी के दसवें दिन। अरे नहीं, मेरी बात ठीक थी। जब तुम्हारी बुआ पैदा हुई थी। अब कहाँ है वह मेडल?... हाँ, मैंने उसे तुम्हारी बुआ को दे दिया और उसने उसे गलाकर सोने की चार चूड़ियाँ बना लीं। बेवकूफ थी वो और चूड़ियाँ भी कितनी पतली! मैं हमेशा उसे घर में सबसे बेवकूफ मानती रही हूँ...'

'बस करो, दादी! तुम बेकार की पुरानी कहानियाँ दोहरा रही हो। तुम राजम के बारे में नहीं सुनोगी?'

'ज़रूर सुनूँगी, बेटा।'

'दादी, जब राजम बहुत छोटा था, तभी उसने एक चीते को मार गिराया था।'

'अच्छा! बड़ा बहादुर था वो!'

'तुम मुझे खुश करने के लिए कह रही हो। इस बात पर तुम्हें यकीन नहीं हुआ।'

फिर स्वामी ने यह पूरी कहानी सुनानी शुरू की। राजम के पिता जंगल में डेरा डाले हुए थे। अचानक दो चीते उनके ऊपर चढ़ आये। और एक ने पीछे से पिता पर हमला कर दिया। दूसरा राजम के पीछे दौड़ा जो भागकर एक झाड़ी में छिप गया और बंदूक से चीते को मार डाला। 'अरे दादी, तुम तो सो गईं,' कहानी खत्म करते हुए स्वामी ने कहा।

'मैं सो कहाँ रही हूँ, तुम्हारी कहानी सुन रही हूँ।'

'अच्छा, मैं तुम्हारा इम्तहान लेता हूँ। बताओ, कितने चीतों ने कितने लोगों पर हमला किया?'

'दो थे चीते जो राजम के पीछे दौड़े थे।' दादी ने जवाब दिया।

दादी की गलती पकड़ कर स्वामी उससे गुस्सा हो उठा। 'मैं तो तुम्हें बड़ी

ज़रूरी बातें बता रहा हूँ और तुम हो कि अपनी फ़िज़ूल की कहानियों में लगी हो। अब मैं तुम्हें कुछ नहीं बताऊँगा। मैं जानता हूँ तुम क्यों नहीं सुनना चाहतीं। तुम राजम से नफरत करती हो।'

'अरे बेटा, नहीं, हरगिज नहीं, राजम तो बहुत अच्छा लड़का है, दादी ने ज़ोर देकर कहा, हालांकि उसने राजम को कभी देखा ही नहीं था। स्वामी यह सुनकर खुश हो गया। फिर उसे एक दूसरा ही शक हुआ। 'दादी, तुम्हें शायद चीते की बात पर यकीन नहीं हुआ?'

'नहीं, मुझे इस घटना पर पूरा विश्वास है', दादी ने ढाढ़स बँधाते हुए कहा। स्वामी ने अब उस पर यकीन कर लिया लेकिन फिर भी चेतावनी देते हुए कहा, 'जो भी मुझे झूठा कहेगा, उसे मैं मार दूँगा।'

दादी ने उसकी इस भावना की तारीफ की और फिर कहा कि अब वह उसे हरिश्चन्द्र राजा की कहानी सुनायेगी जिसने सत्य बोलने के कारण अपना राज्य खो दिया, बीवी और बच्चा भी खो दिया... हालाँकि बाद में उसे सब कुछ वापस मिल गया। कहानी सुनाते-सुनाते बीच में ही स्वामी की नाक बजने लगी और इसके फौरन बाद दादी ने भी खर्राटे लेना शुरू कर दिया।

शनिवार की शाम थी। शनिवार और रविवार चूँकि कई दिन के इन्तज़ार के बाद आते थे, इसलिए स्वामी को यह दिन दादी और माँ के साथ बात करने में या गुणा-भाग के सवाल करने में बिताना ठीक नहीं लगता था। हालाँकि पिताजी का यह निश्चित आदेश था कि शनिवार का दिन स्वामी यार-दोस्तों के साथ घूमने-फिरने में न बिताये और घर बैठकर स्कूल का सारा काम निबटाये, लेकिन वह इसका पालन कभी नहीं कर पाता था।

स्वामी अपने पढ़ने के कोने में किताबों के सामने बेचैन बैठा इंग्लिश रीडर की एक कविता का अर्थ समझने की कोशिश कर रहा था। पिताजी शीशे के सामने खड़े सिर पर पगड़ी बाँध रहे थे। पगड़ी बाँधकर उन्होंने सिल्क का कोट पहना। अब सिर्फ चश्मा लगाना रह गया था। स्वामी बड़े ध्यान से उन्हें यह सब करते देखता रहा। चश्मा भी लगा लिया गया। अब सिर्फ घड़ी लगाना बाकी था।

स्वामी खुश हुआ। घड़ी लगाने के बाद पिताजी कचहरी चले जायेंगे। माँ भीतर से एक हाथ में पानी का गिलास और दूसरे में पान-सुपारी तश्तरी में रखकर लाई। पिताजी ने पानी पिया और पान के लिए हाथ बढ़ाया। माँ ने उन्हें कुछ सुपारी के टुकड़े और करीने से बँधे कई पान दिये। पिता जी ने सब मुँह में डाल लिये और बड़े संतोष के साथ धीरे-धीरे उन्हें चबाने लगे। स्वामी ज़ोर-ज़ोर से 'बा, बा ब्लैक शीप'

की कविता पढ़ने लगा। पिताजी ने सुँघनी की छोटी-सी चाँदी की डिब्बी को जेब में टटोला, और धब्बेदार रूमाल से, जो घर का सबसे गंदा कपड़ा था, अपना मुँह साफ किया। फिर अपना छाता बगल में दबाया। और यही उनके निकलने का आखिरी संकेत था। स्वामी ने किताब बंद की और खड़ा होने को हुआ। पिताजी कमरे से बाहर पैर रख चुके थे।

तभी... स्वामी ने अपने पैर फिर मेज़ के नीचे कर लिये। माँ पिताजी को रोककर कह रही थी, 'मुझे कुछ छुट्टा चाहिए। आज दर्ज़ी आ रहा है। चार दिन से पीछे पड़ा है।'

'उसे कल आने को कहना,' पिताजी बोले। लेकिन माँ ने ज़िद की, तो वे भीतर आये, अलमारी खोली, चाभी ढूँढ़ी और पैसों की दराज खोलकर कुछ सिक्के निकालकर माँ को पकड़ा दिये। फिर दराज़ को ठीक से बंद करके शीशे के सामने खड़े होकर पगड़ी फिर ठीक की। फिर सुँघनी से नाक लगाकर साँस खींची, रूमाल से नाक साफ की और तेज़ी से बाहर निकल गये। स्वामी ने चैन की लंबी साँस ली।

'कुंडी बंद कर लेना,' सड़क से पिता जी की आवाज़ आई, फिर कुंडी की कड़क सुनाई दी। स्वामी खिड़की पर खड़ा पिता को सड़क पर जाते और अगली सड़क के नुक्कड़ पर मुड़ते देखता रहा। फिर वह भी कमरे से बाहर आ गया।

माँ किचेन में रसोइये को शाम की काफ़ी के लिए आदेश दे रही थीं। दादी अपने बिस्तर पर बैठी सब देख रही थी। उसे देखते ही ज़ोर से बोलीं, 'यहाँ आओ, बेटा!'

'मैं अब नहीं आ सकता। वक्त नहीं है।'

'अरे, आओ बेटा, मैं तुम्हें पैसे दूँगी', दादी ने मिन्नत की।

लेकिन स्वामी इसकी भी उपेक्षा करके बाहर निकलने लगा।

'कहाँ जा रहे हो तुम?' माँ ने पूछा।

'मुझे कहीं जाना है,' स्वामी ने गंभीर बनते हुए जवाब दिया।

'इतनी धूप में घूमने-फिरने जा रहे हो?'

'नहीं तो,' उसने जवाब दिया।

'इस तरह घूमोगे तो बुखार आ जायेगा।'

'नहीं माँ, मैं घूमने नहीं जा रहा हूँ।'

'पिताजी ने कहा है कि तुम छुट्टी के दिन घर पर ही रहा करो।'

'कहा है, लेकिन मेरे ड्राइंग मास्टर ने घर पर बुलाया है।' फिर उसने कुछ चिढ़ते हुए कहा, 'अगर मैं ड्राइंग में फेल हो गया तो तुमको खुशी होगी।'

स्वामी ग्रोव स्ट्रीट चलकर अगली सड़क से दायीं ओर मुड़ा, फिर अबू लेन पार कर

एक छोटे-से साधारण मकान के सामने खड़े होकर सीटी बजाई। कुछ क्षण इंतज़ार किया, फिर दूसरी सीटी बजाई। कुंडी खड़की, दरवाज़ा ज़रा-सा खुला और मणि ने बाहर मुँह निकालकर कहा, 'बेवकूफ। मेरी चाची घर में है। भीतर मत आना। वहीं जाकर मेरा इंतज़ार करो।'

स्वामी वहाँ से हट गया और निश्चित स्थान पर पेड़ के नीचे खड़ा इन्तजार करने लगा। आसमान में सूरज तप रहा था, नीचे सड़क खाली थी। गटर के पास एक गधा खड़ा बहते पानी में अपनी परछाईं देख रहा था। एक गाय केले का बड़ा-सा पत्ता खाने में लगी थी। थोड़ी देर में मणि भी वहाँ आ पहुँचा।

राजम के पिता लॉली एक्सटेंशन में रहते थे—यह नाम मालगुड़ी क्षेत्र के पुराने अंग्रेज़ इंजीनियर सर फ्रेडरिक लॉली से इसे प्राप्त हुआ था। यहाँ पचास साफ-सुथरे बँगले थे जिनमें ज्यादातर सरकारी अफसर रहते थे। इन घरों से थोड़ी ही दूर पर त्रिचनापल्ली जाने वाली बड़ी सड़क गुज़रती थी।

स्वामी और मणि बहुत सकुचाते हुए राजम के घर जाने वाले रास्ते पर बढ़ने लगे। एक सिपाही उन्हें देखकर चिल्लाया, 'रुको,' और दौड़कर उनके पास आ गया। स्वामी डर गया और घर लौटने को तैयार हो गया। उसने मणि से कहा कि सिपाही से बात करे। सिपाही ने पूछा कि वे यहाँ क्या कर रहे हैं। मणि ने बेपरवाही दिखाते हुए कहा, 'हम राजम से मिलने आये हैं। उन्होंने हमें बुलाया है। घर पर हैं?'

यह सुनते ही सिपाही नम्र हो आया और इज़्ज़त से उन्हें राजम के कमरे तक पहुँचा आया।

स्वामी और मणि को लगा कि कमरा काफी बड़ा है। उसमें कई कुर्सियाँ थीं, सचमुच की कुर्सियाँ, और एक बड़ी मेज़ जिस पर उसकी किताबें करीने से सजी थीं। लड़कों को जिस चीज़ ने सबसे ज्यादा आकृष्ट किया, वह थी मेज़ पर रखी घड़ी। इतने छोटे लड़के के पास उसकी अपनी घड़ी भी थी। सचमुच उसके पिता बड़ी शानदार हस्ती होंगे।

तभी राजम कमरे में आया। वह जानता था कि दोस्त उसका इन्तज़ार कर रहे हैं लेकिन वह उन्हें कुछ और मिनट इन्तज़ार कराना चाहता था, क्योंकि उसने देखा था कि उसके पिता भी यही करते हैं। इसलिए वह बगल के कमरे में कुछ मिनट खड़ा नाखून चबाता रहा। जब उसे खुद ज्यादा इन्तज़ार कराना भारी पड़ने लगा, तब वह एकदम सामने आकर खड़ा हो गया।

'अरे, बैठो तो, तुम अभी तक खड़े ही हो,' उन्हें खड़ा देखकर वह ज़ोर से बोला।

थोड़ी ही देर में वे घुल-मिलकर आपस में बातें करने लगे, स्कूल की बातें,

दोस्तों और टीचरों की बातें, घर पर माता-पिता की बातें, खेल-कूद और अपने खिलौनों की बातें।

राजम उन्हें एक अलमारी के पास ले गया और उसे खोल दिया। इसमें तमाम अनोखी चीज़ें भरी थीं, खिलौना मोटरें और रेलगाड़ियाँ, जादुई लालटेन और उसकी तस्वीरें, बड़ी-बड़ी तस्वीरों वाली किताबें और न जाने क्या-क्या सैकड़ों चीज़ें। मणि को जो चीज़ बहुत पसंद आई, वह थी कोने में रखी हवाई बंदूक। राजम ने उन्हें जो चीज़ चाहें, उठाने-धरने की छूट दे दी थी। ज़रा देर में स्वामी एक रेलगाड़ी कमरे में चारों तरफ दौड़ाने लगा। मणि धनुष हाथ में लेकर सामने की दीवार पर तीर पर तीर चलाये जा रहा था। जब थक गया तब बंदूक उठाकर उसके छरों से कमरे की चीज़ों पर वार करने लगा।

'तुम्हें किसी को भूख तो नहीं लगी है?' राजम ने अचानक पूछा।

'अरे नहीं,' दोनों ने बेमन से जवाब दिया।

'सुनो,' राजम ने आवाज़ लगाई और एक सिपाही भीतर आया।

'जाकर महाराज को बोलो कि हम तीनों के लिए काफी और नाश्ता लाये।' जिस अधिकार और शांति से राजम ने यह आदेश दिया, उससे दोनों चकित रह गये।

शीघ्र ही महाराज नाश्ते से भरी एक बड़ी प्लेट लेकर कमरे में आया और मेज़ पर उसे लगाने लगा। राजम ने सोचा, कुछ शान दिखाई जाय।

'अरे, इसे मेज़ से हटाओ, तुम', वह ज़ोर से बोला। महाराज ने जल्दी से प्लेट हटा ली और उसे कुर्सी पर रखने लगा।

'अरे गधे, इसे वहाँ क्यों रख रहे हो? वहाँ से हटाओ इसे।'

'तो फिर कहाँ रखूँ इसे, राजू?' महाराज ने धीरे से सवाल किया।

राजम गुस्से में भर उठा। चिल्लाकर बोला, 'बदमाश, मेरी बात का जवाब देते हो?'

महाराज ने मुँह सिकोड़ा और कुछ भुनभुनाया।

'इसे मेज़ पर करीने से रखो,' राजम ने आदेश दिया, महाराज यह करने लगा पर धीरे से बोला, इस तरह बोलोगे तो मैं माँ से कह दूँगा।'

'जाओ, कह दो। मैं परवाह नहीं करता,' राजम ने जवाब दिया।

अब उसने कप पर नज़र डाली और कहा, 'यह तो बहुत गंदा है।' महाराज ने पूरी प्लेट उठा ली और यह कहते हुए चलने लगा, 'नाश्ता चाहिए तो किचेन में आकर खुद ले जाओ।'

राजम के लिए यह बड़ी चोट थी। दोस्तों के सामने ऐसा अपमान! वह कुछ

मिनट चुप बैठा रहा, फिर ज़बरदस्ती की हँसी हँसकर कहने लगा, 'नालायक... कैसा बदमाश है। अच्छा, ज़रा रुको।' यह कहकर वह भीतर चला गया।

थोड़ी देर बाद वह खुद प्लेट हाथों में लेकर आया। उसके दोस्त उसकी इस हार को देखकर परेशान हो रहे थे। जाहिर था कि वह महाराज को झुका नहीं पाया है। राजम सोच रहा था कि उसने महाराज को गोली क्यों नहीं मार दी, और मणि चाहता था कि महाराज को कुछ मिनटों के लिए उसके हवाले कर दिया जाय।

लेकिन राजम ने यह कहकर सबको शांत कर दिया : मैंने किचेन में जाकर महाराज को ऐसी चोट दी कि वह बेहोश होकर गिर पड़ा है। इसलिए मैं नाश्ते की प्लेट खुद लेकर आया हूँ।'

पूँछ क्या होती है?

बुधवार के दिन भूगोल के टीचर नहीं आये थे, इसलिए पहली कक्षा के ए सेक्शन के विद्यार्थियों को तीन बजे से पौने चार बजे तक की छुट्टी मिल गई।

कुछ ऐसा हुआ कि स्वामी का कोई दोस्त उसके साथ नहीं था और वह अकेला पड़ गया। बड़ी देर तक वह प्राइमरी कक्षाओं के वरांडे में टहलता रहा। स्वामी भले ही खुद चार फुट से ज्यादा लंबा नहीं था, प्राइमरी के बच्चे उसके सामने एकदम शिशु लगते थे। वह उनसे बहुत बड़ा और लंबा था। जब उसने इन बच्चों को मिट्टी से माडेल बनाते देखा, तो उसे उनसे चिढ़ होने लगी। स्कूल में यह काम करना एकदम बेमानी था। इससे अच्छा तो यह होता कि वे अपने घरों के पिछवाड़े हाथी, घोड़े, आम और इस तरह की दूसरी चीज़ें बनाते होते। यह काम करने के लिए उन्हें स्कूल आने की ज़रूरत ही क्या थी! स्कूल ज्यादा गंभीर कामों के लिए थे, जैसे भूगोल, गणित, बाइबिल और अंग्रेज़ी!

एक कमरे में बहुत से बच्चे तमिल वर्णमाला के पहले दो अक्षर रटे जा रहे थे। उसने अपने कान बंद कर लिये और सोचने लगा कि टीचर लोग इसे कैसे बरदाश्त कर लेते हैं। वह आगे बढ़ा और दूसरे कमरे में जा पहुँचा। यहाँ भी गंदे कपड़े पहने बच्चे शोर मचा रहे थे। वे अपनी बेंचों पर बैठे पैर हिला-हिलाकर सबक याद कर रहे थे। उसे इससे बड़ी परेशानी हुई और उसने मुँह सिकोड़कर टीचर की तरफ देखने की कोशिश की लेकिन उसकी पीठ स्वामी की ओर थी।

वह सीढ़ियों के नीचे, जो दूसरे और तीसरे दर्जों के लिए ऊपर जाती थीं, रुका और सोचने लगा कि अगले साल वह जिस क्लास में जायेगा, उसे भी जाकर देखे कि कैसा है। वह दो-तीन सीढ़ियाँ चढ़ा, फिर अपना विचार बदल दिया। वहाँ हेडमास्टर साहब होंगे क्योंकि वे ही इनमें पढ़ाते भी हैं। उनके टीचर भी काफी शानदार थे, और लड़के तो शैतान थे ही जो दूसरों को तंग करके ही खुश रहते थे। उसे दूर से जूतों की खटखट सुनाई दी, जो हेडमास्टर साहब के चलने-फिरने की आवाज़ थी। उसे डर लगा कि वे उसे पकड़कर पूछताछ न करें,

जिससे बड़ी मुश्किल हो जायेगी।

उसे बहुत अच्छा लगा कि उसके बहुत से साथी भी वहाँ मौजूद थे, जो उसका ख्याल था कि स्कूल में ही नहीं हैं। राजम और मणि को छोड़कर बाकी सब वहाँ थे। इमली के बड़े-से पेड़ के नीचे वे लुका-छिपी खेल रहे थे। स्वामी खुश होकर उनमें शामिल होने चला। लेकिन उसका किसी ने स्वागत नहीं किया। उन्होंने हलके से मुस्कराकर मुँह फेर लिया और फिर खेलने लगे। स्वामी को यह देखकर ताज्जुब हुआ कि दूसरों के अलावा ज्यादातर शांत रहने वाला सोनू भी उससे आँख चुरा रहा है। ज़रूर कोई खास बात थी। स्वामी ने धीरज दिखाते हुए ज़ोर से पूछा, 'दोस्तो, मैं भी खेल में शामिल हो जाऊँ।' किसी ने इसका जवाब नहीं दिया। स्वामी क्षण-भर रुका और फिर अपना सवाल दोहराया।

'अब और किसी के लिए खेल में जगह नहीं है,' शंकर ने खरा-सा उत्तर दे दिया।

फिर मटर ने फब्ती कसी, 'लोग हैं जो पूँछ की तरह लगे फिरते हैं।' यह सुनकर दूसरे लड़के हँसने लगे।

'तुमने क्या कहा—पूँछ?' शंकर ने सवाल किया।

'पूँछ कहने की वजह क्या है?'

'मुझे यही ठीक लगा,' मटर ने जवाब दिया।

'तुम्हें क्या परेशानी है? तुम्हें तो पूँछ नहीं कहा!'

'सुनकर खुशी हुई। लेकिन यहाँ वालों में से किसी के लिए कहा गया यह?'

'हो सकता है।'

'लेकिन पूँछ होती क्या है?'

'वह लंबी चीज़ जो गधे या कुत्ते के पीछे लगी होती है।'

स्वामी को ज्यादा कुछ समझ में नहीं आया, सिर्फ यह आया कि यह टिप्पणी उसी के लिए की गई है। उसके गाल गर्म हो उठे और वह रोने को हो आया।

तभी घंटी बजी और सब क्लास में चले गये। स्वामी लाल चेहरा लिये अपनी सीट पर बैठ गया।

यह अंग्रेज़ी का घंटा था जिसे वेदनायगम पढ़ाते थे। आज वे उस बूढ़े की कहानी पढ़ा रहे थे जो भविष्य के लोगों के लिए पेड़ लगा रहा था, और जिसका खर्च राजा दे रहा था। स्वामी के कानों में इसका एक शब्द भी नहीं पहुँच रहा था और उसका सिर दर्द करने लगा था। अगर उससे सवाल पूछ लिया जाता तो उसका जवाब गलत हो जाता और उसे बेंच पर खड़ा होना पड़ता। लेकिन उसका भाग्य अच्छा था।

घंटा खत्म हो गया। वह अकेले घर जा रहा था, चाल उसकी बहुत धीमी थी और उसके दिल पर बोझ था। सोमू उसके आगे-आगे चल रहा था। 'सोमू, सोमू, अरे सोमू... रुकोगे नहीं,' उसने आवाज़ दी। सोमू रुक गया। और स्वामी उसके पास आ पहुँचा।

कुछ देर के बाद स्वामी उससे पूछने लगा, 'आज तुम सबको हुआ क्या है?'

'कोई खास बात नहीं। लेकिन मैं तुम्हें बताऊँ कि तुम्हें एक नया नाम दिया गया है? नाम है—पूँछ। राजम की पूँछ। मेरा ख्याल है कि हम तुम्हारे लिए काफी नहीं हैं। और हर लड़का पुलिस सुपरिटेंडेंट का बेटा कैसे हो सकता है?' यह कहकर वह चलता बना।

स्वामी के जीवन में यह पहला इतना बड़ा धक्का था। यह सुनकर उसके दिमाग को लकवा-सा मार गया। देर तक उसकी हालत खराब रही, फिर जब कुछ ठीक हुई, वह सोचने लगा कि कहीं वह सपना तो नहीं देख रहा था। यह सीधा-सादा सा सोमू जो पहले बहुत कम बोलता था, अब उसे हो क्या गया था? राजम से दोस्ती करने या उसे पसंद करने में क्या कोई बुराई है? इससे वह इतना गुस्सा क्यों हो उठा?

वह घर गया, कोट और टोपी उतारी, किताबें मेज़ पर फेंकी, ठंडी काफी जो उसका इन्तज़ार कर रही थी, गले के नीचे उतारी, और घर के बाहर सड़क के किनारे बनी पटरी पर गुमसुम होकर बैठ गया, और वेंकट मुदाली स्ट्रीट पर बहते गंदे नाले की तरफ देर तक देखता रहा। काले पानी की धार इसमें बही जा रही थी। इसी में कागज़, पत्ते और लकड़ी के टुकड़े उसमें तेजी से तैरते चले जा रहे थे। टीन का एक टुकड़ा धीरे-धीरे सैर करता जा रहा था। स्वामी का मन हुआ कि पानी में हाथ डालकर इसे उठा ले, लेकिन फिर इसे बह जाने दिया। उसका मन कुछ सोच रहा था। वह चमकदार टीन को आगे जाते हुए देखता रहा। बहते-बहते वह दीवार के अंत तक पहुँच गया और अब पेड़ के नीचे से गुज़र रहा था। फिर उसके आगे एक ईंट का टुकड़ा आ गया और उसके बहाव को रोकने लगा। स्वामी यह देख कर परेशान हुआ कि ईंट बेवजह टीन के सफर को रोक रही है। उसने सोचा कि या तो ईंट उसे आगे जाने का मार्ग दे या खुद ही आगे बह जाय। वह फिजूल ही यात्रा रोक रही थी। टीन ईंट से कुछ देर तक उलझती रही, फिर उसे धकेल कर तेज़ी से आगे बढ़ गई। और सड़क के आखिरी छोर पर बने मोड़ में लुप्त हो गई।

स्वामी घर वापस गया, एक कागज़ लिया और उसकी नाव बनाई। उसने देखा, एक चींटी निरुद्देश्य इधर-उधर घूम रही है। उसने चींटी को सावधानी से पकड़कर उठाया, कागज की नाव में बिठाया और नाव को धारा में बहने के लिए छोड़ दिया।

फिर मंत्रमुग्ध-सा उसे आगे बढ़ते देखने लगा। तभी उसने देखा कि नाव एक खतरनाक इलाके में पहुँच गई है जहाँ कूड़े का एक छोटा-सा ढेर उससे उलझने को तैयार है। लेकिन नाव बड़ी कुशलता से उसके बगल से निकल गई और निश्चित विनाश से बच निकली। वह आगे बढ़ती रही। फिर एक और डरावनी जगह पर वह जा पहुँची जहाँ पानी चारों ओर तेज़ी से चक्कर लगा रहा था। स्वामी को लगा कि उसके जीवन का अंतिम क्षण सामने खड़ा है। वह सोच रहा था कि नाव इस भँवर में फँसकर एकदम नीचे चली जायेगी। नाव उस भँवर में तेज़ी से घूमने लगी और हिलते-काँपते चक्कर काटने लगी। लेकिन तभी किसी पड़ोसी के किचेन से पानी की एक नई तेज़ धारा नाले में प्रकट हुई और उसने नाव को खतरा क्षेत्र से बाहर निकाल दिया। लेकिन अब उसकी रफ्तार इतनी तेज़ हो गई कि स्वामी डरा कि अब यह ज़रूर उलट जायेगी। लेकिन वह शांत हो गई और सामान्य गति से नाले में बहने लगी। फिर जब वह एक पेड़ के नीचे से गुज़र रही थी, ऊपर से एक पत्ता उस पर आ गिरा, जिसने उसे डावाँ डोल कर दिया। स्वामी तेज़ी से दौड़कर उसके पास जा पहुँचा और कोशिश करने लगा कि चींटी को बचा ले। वह देर तक पानी को देखता रहा लेकिन चींटी का कोई निशान कहीं नहीं था। नाव और उसकी सवारी बिलकुल गायब हो चुके थे। उसने ज़मीन से एक चुटकी मिट्टी उठाई, चींटी की आत्मा की शांति के लिए प्रार्थना की और पानी में उसे छोड़ दिया।

कुछ दिन में स्वामी ने सोमू और उसके साथियों के शत्रु की भूमिका स्वीकार कर ली, फिर भी कई दफा अचानक उसे अपने पुराने दोस्तों से बातचीत करने की हुड़क उठने लगती थी। जब भी धर्म-शिक्षा के टीचर अपने ओठों पर ज़बान फेरते या नाक खुजाते, तो उसका मन होता कि मटर के पैर दबाये और मुस्कराये क्योंकि यह ऐसा पुराना मज़ाक था जिसका वे पिछले कई साल से मज़ा लेते आ रहे थे। लेकिन अब स्वामी इस भावना को दबा लेता और खुद ही मुस्कराकर रह जाता। इसके अलावा, लाल टोपी वाला लड़का जब झपकी लेने लगता और जैसे ही उसका सिर नीचे झुकता, तब वह उसे झटककर एकदम फिर सीधा कर लेता, तब स्वामी का मन होता कि मटर के कान में फुसफुसाकर कहे, 'देखो तो उस लल्लू को, लाल टोपी वाले, पहली बेंच पर तीसरे नंबर पर है न जो, कैसे बार-बार सो जाता है,' और दाँत निकालकर हँसे, लेकिन अपने ओंठ काटकर वह चुप रह गया।

सोमू उसकी तरफ देख रहा था। स्वामी को लगा कि उसकी आँखों में दोस्ती की झलक है। एक क्षण के लिए वह यह सोचकर खुश हो उठा कि सोमू उससे फिर दोस्ती करना चाहता है। कुछ देर दोनों एक-दूसरे की तरफ घूरते रहे, लेकिन स्वामी

ने जैसे ही दोस्ती की नज़र उस पर डाली, उसने मुँह फेर लिया।

स्वामी मैदान में टहल रहा था। उसने अपने पीछे कुछ परिचित आवाज़ें सुनीं, मुड़कर देखा तो सोनू, शंकर और मटर उसका पीछा कर रहे थे। स्वामी सोचने लगा कि क्या करे, उनके साथ शामिल हो जाये या रुककर उन्हें निकल जाने दे, तब बगल की गली से मुड़कर निकल जाए। उसे अपने पीछे तीन जोड़ी शत्रुतापूर्ण आँखें तीर की तरह चुभती लग रही थीं। उसे यकीन था कि उसकी हर एक हलचल पर सावधानी से नज़र रखी जा रही है और आलोचना की जा रही है। उसे लगा कि उसकी चाल भी तीनों को अच्छी नहीं लग रही है। जिस तरह वह किताबों को पकड़े चल रहा है, उस पर भी ये लोग हँस रहे है। उसे नाक पर खुजली महसूस हुई। उसने खुजाने के लिए हाथ उठाया, लेकिन फिर रोक लिया क्योंकि उसे लगा कि इस पर भी पूरा ध्यान दिया जायेगा।

उसने सोचा कि दायीं तरफ मुड़कर स्कूल में घुस जाऊँ। फिर लगा कि यह कायरता मानी जायेगी और तीनों सोचेंगे कि उनसे डरकर भाग रहा है। वह सचमुच भाग जाना ही चाहता था लेकिन यह ठीक नहीं था। फिर उसने सोचा कि पीछे घूम कर चला जाए, लेकिन यह उनसे मुकाबला करना होगा। इसलिए सबसे अच्छा ढंग यही था कि पहले की तरह आराम से चलता रहे और यह जाहिर ही न करे कि उसे उनकी जानकारी है। अरे, दस दिन पहले ही ये लोग क्या थे! और अब कैसे दैत्य बन गये हैं! स्वामी उनमें यह परिवर्तन देखकर चकित था।

अब यह सब बरदाश्त के बाहर हो चला था। उसे लगा कि उसके पैर गोलाई में घूम रहे हैं और जब वह चलता है, तब एक-दूसरे से लिपटे जा रहे हैं। अब स्कूल के हाल में जा घुसने के लिए काफी देर हो चुकी थी। वह उससे आगे बढ़ आया था। अब बचने का एक ही रास्ता रह गया था कि वह भाग चले। उसने एक उपाय आज़माया। वह अचानक रुका, इधर-उधर घूमा, जैसे कुछ देख रहा हो। फिर चिल्लाया, 'अरे, मेरी कापी कहीं खो गई,' और हिरन की तरह तेज़ी से भाग निकला।

पिताजी का कमरा

शनिवार का दिन था और शाम को राजम ने घर आने का वादा किया था। इसलिए स्वामी बहुत उत्तेजित था। वह कहाँ उसका स्वागत करेगा? अपने कमरे में लेकिन वहाँ पिताजी कपड़े बदलने आया करते थे। लेकिन, उस वक्त तो वे कचहरी में होंगे, इसलिए कोई परेशानी नहीं होगी। उसने अपनी मेज़ साफ़ की और किताबें इतनी खूबसूरती से सजाईं कि पिताजी को भी उसकी तारीफ़ करनी पड़ी। स्वामी अपनी दादी माँ के पास गया और पूछने लगा, 'दादी, मैंने तुमसे अपने दोस्त राजम के बारे में बताया था न?'

'हाँ, वह लड़का जो बहुत तगड़ा है लेकिन इम्तहान में फेल हो जाता है?'

'नहीं, नहीं, वह तो मणि है।'

'हाँ, हाँ, याद आ गया, वह लड़का जिसे ग्रामीं या ऐसा ही कुछ कहते हैं छोटा-सा, मज़ेदार बातें करने वाला?'

स्वामी अब एकदम गुस्सा हो उठा। बोला, 'अरे दादी, तुम हमेशा यही गलती करती हो! तुम्हें मटर की ही याद रहती है। मैं राजम की बात कर रहा हूँ। जिसने चीते को मारा था, जिसके पिता पुलिस सुपरिंटेंडेंट हैं और जो बहुत तेज़ लड़का है।'

'अच्छा, अच्छा, वह लड़का! मुझे याद आ गया, अच्छा, वह आ रहा है घर, यह तो बड़ी खुशी की बात है।'

'हाँ, और क्या... मैं तुम्हें यही तो बता रहा था।'

'तुम उसे मुझसे मिलाने लाओगे? मैं उसे देखना चाहती हूँ।'

'मैं कह नहीं सकता,' स्वामी ने जवाब दिया। 'हो सकता है, ले आऊँ। लेकिन मैं तुमसे कह रहा था कि जब वह यहाँ हो तो मुझे आवाज़ मत देना और न मेरे कमरे में आना।'

'क्यों बेटा?' दादी ने पूछा।

'क्योंकि, बात यह है कि... हाँ, बात यह है कि अब तुम बहुत बूढ़ी हो गई हो,' स्वामी ने बड़ी सफाई से जवाब दे दिया।

दादी ने इसे खुशी से स्वीकार कर लिया।

अब स्वामी के मन में यह सवाल घूमने लगा कि राजम को खिलाना क्या चाहिए! कोई बहुत अच्छी चीज़ होनी चाहिए वह। वह अपनी माँ के पास गया जो केले के बहुत से पत्तों को काटने के लिए लेकर बैठी थी। वह भी पास जाकर बैठ गया और एक पत्ता हाथ में लेकर उसे तोड़ने-मरोड़ने लगा।

माँ ने कहा, 'इस तरह ज़मीन पर कूड़ा मत करो। मैं झाड़ू लेकर बार-बार बुहार नहीं सकती। '

'माँ, आज तुम शाम को क्या खाना बना रही हो?' उसने पूछा।

'यह सोचने को बहुत समय पड़ा है,' उसने जवाब दिया।

'आज कुछ बहुत बढ़िया चीज़ बनाना। कोई मीठी सी चीज़। शाम को राजम आ रहा है। और कॉफी भी ऐसी मत बनाना जो तुम मुझे देती हो। कॉफी बहुत गरम और गाढ़ी होनी चाहिए। उसे याद आया कि राजम के घर में महाराज नाश्ते की प्लेट लेकर आया था। 'माँ, क्या तुम नाश्ता मेरे कमरे में भिजवा नहीं दोगी? मैं लेने नहीं आ पाऊँगा।' फिर रसोइये की तरफ मुड़कर उसने कहा, 'सुनो, तुम यह धोती पहनकर मेरे कमरे में नहीं आओगे। साफ कमीज़ और धोती पहनकर आना।'

फिर, कुछ देर रुककर वह बोला, 'माँ, तुम पिताजी से कह दोगी कि घंटे दो घंटे के लिए कमरा मुझे दे दें?' उसने कहा कि उसे बहुत काम है, वह खुद क्यों नहीं कह देता?

स्वामी बोला, 'तुम कहोगी तो वे जल्दी मान लेंगे।'

फिर वह खुद ही पिताजी के पास गया और कहने लगा, 'मुझे आप से कुछ कहना है।'

पिताजी ने कागज़ों के ऊपर से सिर उठाया।

'पिताजी, मुझे आपका कमरा चाहिए।'

'किसलिए?'

'मेरा एक दोस्त आ रहा है।' जवाब मिला।

'तुम्हारा है तो कमरा?'

'वह मैं राजम को नहीं दिखा सकता।'

'कौन है यह राजम? बहुत बड़ा आदमी है?'

'उसके पिता पुलिस सुपरिंटेंडेंट हैं। वह-वह मामूली नहीं है।'

'अच्छा। ठीक है। लेकिन मेज़ की किसी चीज़ को इधर-उधर मत करना।'

'मैं पूरा ध्यान रखूँगा। आप बहुत अच्छे पिता हैं... पिताजी!'

पिता ज़ोर से हँसे और बोले, 'अब जाकर अपनी पढ़ाई करो।'

राजम का आना उससे ज्यादा आसानी से गुज़र गया, जितनी स्वामी ने उम्मीद की थी। पिताजी कमरा खुला छोड़ गये थे, माँ ने गेहूं, फल और चीनी की बहुत मज़ेदार मिठाई बनाई थी। कॉफी सचमुच बहुत अच्छी थी। दादी ने अपना वादा निभाया था और राजम के सामने प्रकट नहीं हुई थीं। सिर्फ रसोइये ने अपनी धोती नहीं बदली थी।

स्वामी ने राजम को पिताजी की घूमनेवाली कुर्सी पर बैठाया। वह तीन घंटे घर में रहा। उन्होंने सब विषयों पर बातचीत की—मणि, एबेनज़र, रेलें, चीतों का शिकार, और भूतों की।

राजम ने पूछा, 'तुम्हारा कमरा कौन सा है?'

स्वामी ने गंभीरता से जवाब दिया, 'यही है, क्यों?'

राजम को यह बात हज़म करने में परेशानी हुई। 'तुम इतनी मोटी-मोटी किताबें पढ़ते हो?' उसने मेज़ पर रखी सुनहरे अक्षरों में जिल्द चढ़ी किताबों पर नज़र डाली। स्वामी यह सुनकर शरमाने लगा।

फिर राजम ने एक दूसरा सवाल और पूछ लिया, 'और तुम्हारी किताबें कहाँ हैं?' उसके चेहरे पर हल्की मुस्कान थी।

अब स्वामी ने कहा, 'दरअसल यह मेज़ पिताजी की है। जब मैं नहीं होता तो वे अपने मुवक्किलों से यहाँ मिलते हैं।'

'लेकिन तुम अपनी किताबें रखते कहाँ हो?'

अब स्वामी ने बात बदलने की कोशिश की। बोला, 'राजम, तुमने मेरी दादी को देखा है?'

'नहीं। मुझे जरूर दिखाओ दादी को। मुझे बहुत अच्छा लगेगा।'

'तो ज़रा इन्तज़ार करो,' यह कहकर वह बाहर दौड़ गया। वह सोच रहा था कि दादी इस वक्त सो रही होगी, और सोती हुई दादी दिखाना ज्यादा अच्छा होता।

लेकिन दादी बड़े मज़े से बिस्तर पर बैठी थी। स्वामी को निराशा हुई। वह खड़ा उसे देखता रहा।

'क्या बात है, बेटा?' दादी ने पूछा। 'कुछ चाहिए तुम्हें?'

'नहीं,' उसने कुछ रुककर कहा। 'तुम सो नहीं रही हो, राजम तुम्हें देखना चाहता है।'

'वह आया है।' दादी ने उत्साह से कहा। 'पास आओ, राजम! मैं तुम्हारा चेहरा नहीं देख सकती। मैं बूढ़ी और अंधी हूँ।'

स्वामी को यह सुनकर गुस्सा आ गया, वह नहीं चाहता था कि दादी राजम से ये सब फिजूल बातें कहे।

राजम उसकी चारपाई पर जा बैठा। दादी ने उसके बाल सहलाये और कहा कि बड़े लंबे और मुलायम बाल हैं, जबकि बाल इसके बिलकुल उलट बहुत छोटे और कड़े थे। दादी ने उसकी माँ का नाम पूछा, और यह कि कितने भाई-बहन हैं। फिर पूछा कि क्या उसके पास जवाहरात हैं। राजम ने बताया कि एक काले बक्से में जवाहरात भरे पड़े हैं और एक हरे बक्स में सोने और चाँदी के बर्तन हैं। फिर राजम उसे मद्रास के बारे में बताने लगा, वहाँ का समुद्र, लाइट हाउस, ट्रामें और बसें, और सिनेमाघर। यह सब सुनकर दादी ताज्जुब करती रही।

स्वामी जब क्लास में घुसा, सभी बेंचों पर लड़के मुस्कराने लगे। वह अपनी बेंच पर यह सोचता हुआ जाकर बैठ गया कि यह मुस्कराहट उसके लिए नहीं होगी। लेकिन लड़के अब खिलखिलाने लगे। उसने इधर-उधर देखा और ब्लैक बोर्ड पर उसकी नज़र जा टिकी। उसका चेहरा लाल पड़ गया। बोर्ड पर बड़े-बड़े अक्षरों में लिखा था : 'पूँछ'।

स्वामी उठकर बोर्ड के पास गया और हाथ से इसे पोंछ दिया। फिर जब वह घूमा तो उसने देखा कि शंकर कापी पर अपना सिर झुकाये है और मटर अपना बस्ता खोल रहा है। स्वामी चुपचाप मटर की डेस्क के पास पहुँचा और बिना कुछ बोले उसे एक तमाचा रसीद कर दिया। मटर ज़ोर से रोने लगा और बोला कि उसने यह नहीं लिखा है। उसने शंकर की तरफ तिरछी नज़र डाली जो किसी काम में लगा लग रहा था। अब स्वामी उसकी तरफ घूमा और उसे भी एक तमाचा जड़ दिया।

अब तो वहाँ घमासान मच गया। शंकर, स्वामी और मटर सब एक-दूसरे को मारपीट रहे थे और चीखते-चिल्लाते जा रहे थे। तभी घंटी बजी। राजम, मणि और सोमू अंदर आये। टीचर भी आये और यह नज़ारा देख कर दंग रह गये। वे हाय-हूय करने के सिवा कुछ और नहीं कर पा रहे थे। कर भी नहीं सकते थे क्योंकि वे तमिल के टीचर थे, स्कूल के सबसे असहाय टीचर।

सोमू और मणि ने लड़ने वालों को अलग किया। टीचर मेज़ की तरफ बढ़े और कुर्सी पर बैठ गये। लड़के भी सीटों पर जा बैठे।

सोमू उठा और बोला, 'सर, हमें बाहर जाने दीजिए। हम क्लास को डिस्टर्ब नहीं करना चाहते।'

टीचर परेशान हुए, लेकिन मणि स्वामी और मटर को ढकेलता हुआ बाहर निकल गया। उनके पीछे सोमू और शंकर भी निकल आये।

सब स्कूल के पास एक एकांत जगह पर जा पहुँचे। कुछ देर शांति रही, फिर मणि कहने लगा, 'तुम लोगों को हुआ क्या है, जो इतना लड़ रहे हो?'

तीनों एकसाथ बोल पड़े, स्वामी सबसे ज्यादा तेज़ आवाज़ में बोला, 'इसने,

मटर ने, बोर्ड पर 'पूँछ' लिखा...बड़ा-बड़ा...'

'नहीं...मैंने नहीं लिखा...उस, उसने'...मटर ज़ोर से चिल्लाया।

'उसने भी लिखा...,' स्वामी ने शंकर की तरफ इशारा करके कहा।

'बदमाश! तुमने देखा था मुझे?' शंकर ने चीख कर पूछा।

मणि ने अपने हाथ से उनके मुँह बंद कर दिये। 'लेकिन 'पूँछ' का मतलब क्या है।' उसने पूछा, क्योंकि अब तक उसे कुछ पता नहीं था।

'ये मुझे राजम की पूँछ कहते हैं,' स्वामी ने सिसकते हुए कहा।

यह सुनकर मणि का चेहरा सख्त पड़ गया। उसने कहा, 'यहाँ कौन राजम का नाम लेने की हिम्मत करता है?'

'अच्छा, हिम्मत...,' सोमू बोला।

काँपते हुए शंकर और मटर की तरफ देखकर मणि गुर्राया, 'अगर तुम में से किसी ने यह किया है...'

'अगर किसी ने किया है तो तुम क्या कर लोगे—,' सोमू ने नफरत-भरी निगाह फेंकते हुए कहा।

'तुम्हारा क्या मतलब है, सोमू, क्या मतलब है—'

'मणि, मेरी बात सुनो,' सोमू चिल्लाया, 'मैं तुम्हें बहुत दिन से यह बताना चाह रहा हूँ... कि तुम अपने को बहुत ज्यादा बहादुर समझने लगे हो।'

मणि ने अपना हाथ उठाया और सोमू के कंधे पर दे मारा। सोमू ने भी उसी ढंग से उसका जवाब दिया। मणि ने उसे लात मारी जिससे वह लुढ़क जाता, लेकिन वह बगल में हट गया और जवाबी लात दी जिससे मणि दोहरा हो गया।

तीनों लड़के यह लड़ाई देखकर दंग रह गये। उन्हें यकीन नहीं हो रहा था कि सोमू और मणि भी लड़ सकते हैं। वे परेशान हो उठे। उन्हें लगा कि दोनों एक-दूसरे को मार डालेंगे। उन्होंने एक-दूसरे की तरफ देखा और स्कूल की तरफ भागे।

वे हेडमास्टर साहब के सामने जा पहुँचे और बताने लगे कि वहाँ क्या हो रहा है। हेडमास्टर की समझ में बड़ी देर में यह आया कि बगल वाले मैदान में इसी वक्त दो हत्याएं की जा रही हैं।

पहले तो उन्हें हँसी आने को हुई। लेकिन लड़कों की गंभीरता और उत्तेजना को देखकर उन्होंने हँसने का विचार त्याग दिया और ठोढ़ी खुजाने लगे। एक चपरासी को बुलाया और उसे लेकर मैदान की ओर चले।

लड़ाके मैदान में इधर से उधर गुत्थम-गुत्था हो रहे थे। हेडमास्टर साहब और चपरासी ने उन्हें बड़े आराम से अलग कर दिया, जिससे स्वामी को बहुत ताज्जुब हुआ। अब तक वह यही समझता आया था कि मणि और सोमू दुनिया के सबसे ताकतवर बंदे हैं।

जो वक़्त पर काम आये

तीन हफ्ते बाद एक दिन स्वामी शाम के वक्त मणि के घर पहुँचा और धीरे से सीटी बजाई। मणि फौरन बाहर आ गया। अब वे राजम के घर की तरफ यह सोचते हुए चले कि, उसने जो यह कहा था कि आज शाम अगर हम उसके यहाँ पहुँच सकें, तो वह हमें ताज्जुब में डाल देगा—क्या होगा यह?

'मेरा ख्याल है,' स्वामी ने कहा, 'कि यह राजम का मज़ाक ही है। हमें अपने घर बुलाने की उसकी चाल है।' यह कहते हुए वह गटर में गिरते-गिरते बचा।

उसने फिर कहना शुरू किया, 'हो सकता है राजम ने कोई बंदर या ऐसा ही कुछ खरीदा हो।' मणि को भी लगा कि यह बात ठीक हो सकती है। वे और भी संभावनाओं पर विचार करते रहे और आखिर में थककर चुप हो गये।

अब वे अपने दुश्मनों की चर्चा करने लगे। मणि ने कहा, 'पता है, मैं क्या करने वाला हूँ? मैं सोमू की कमर तोड़कर रख दूँगा। मुझे पता है, वह कहाँ रहता है। बाज़ार के पीछे कबीर स्ट्रीट पर। मैंने उसे अक्सर रात को बाज़ार की एक दुकान पर पान खाने आते देखा है। पहले मैं पत्थर मारकर सड़क पर लगा लैंप तोड़ दूँगा। कबीर स्ट्रीट एकदम अँधेरी है। मैं वहाँ मुगदर लेकर इन्तजार करूँगा और जैसे ही वह निकलेगा... टूटी हड्डियाँ लिये वह ज़मीन पर लोटने लगेगा।' स्वामी को यह सुनकर कँपकँपी छूटने लगी...'और यही नहीं, मैं मटर को भी ज़मीन चटा दूँगा। और शंकर को सरयू के किनारे पीपल के पेड़ में चुटिया बाँधकर लटका दूँगा।'

राजम के घर तक पहुँचकर वे चुप हो गये। फाटक पर ताला जड़ा था, इसलिए वे दीवार पर चढ़कर भीतर कूद गये। एक नौकर दौड़ता हुआ आया और पूछने लगा, 'तुमने दीवार क्यों फाँदी?'

'तुम्हारे बाप की है दीवार...,' मणि ने जवाब दिया और हँसने लगा।

'लेकिन तुम्हें तो चोट लग सकती थी,' नौकर ने कहा।

'तुम्हें इससे क्या? तुम्हें तो चोट नहीं लगी?' स्वामी ने भी उसी अंदाज़ में कहा और हँसा।

'एक बात और,' मणि ने कहा, 'तुम पुलिस सुपरिंटेंडेंट के बेटे हो क्या?'

'नहीं तो,' नौकर बोला।

'ठीक है,' मणि ने कहा, 'हम पुलिस सुपरिंटेंडेंट के बेटे से मिलने आये हैं।' यह सुनकर नौकर एकदम ठंडा पड़ गया।

अब उन्होंने राजम के कमरे के दरवाज़े पर धक्के देने शुरू किये। जब भीतर चटखनी खुलने की आवाज़ हुई, वे खंभे के पीछे छिप गये। राजम ने बाहर झाँककर देखा और फिर दरवाज़ा बंद कर लिया।

वे बाहर निकले, दरवाज़े पर आये और सोचने लगे कि क्या करें। स्वामी ने चाबी के छेद में मुँह लगाकर बिल्ली की आवाज़ की। इसके बाद मणि ने अपना मुँह लगाया और कुत्ते की तरह भौंकना शुरू किया।

दरवाज़ा फिर ज़रा-सा खुला और राजम ने बाहर झांका। मणि ने स्वामी से कहा कि वह अँधी बिल्ली बन जाये और वह खुद अंधा कुत्ता बनेगा।

मणि अपने चारों हाथ-पैरों से कुत्ता बनकर भीतर घुसा और स्वामी भी इसी तरह बिल्ली बनकर उसके पीछे चलता हुआ कमरे के चक्कर लगाने लगा। राजम को भी इस खेल में मज़ा आने लगा और वह भी थोड़ी-थोड़ी देर बाद कभी कुत्ते की और कभी बिल्ली की आवाज़ें करने लगा। इसी बीच अंधे कुत्ते की पीठ राजम की टांग से टकरा गई तो उसने उसे धीरे से काट लिया। इससे 'ई' की आवाज़ हुई और मणि ने आँखें खोलकर देखा कि यह तो राजम नहीं, सोमू था। इसी तरह बिल्ली ने भी किसी को काट लिया था और वह शंकर था।

मणि यह देखकर धक् से रह गया और पैरों पर उठ खड़ा हुआ। वह चारों तरफ देखने लगा, गुस्सा, और शर्म दोनों ही उसे घेरे हुए थे! एक कोने में मटर बैठा था जो शैतानी से आँखें मिचका रहा था। उसे लगा कि सबकी गर्दन पकड़ ले। फिर देखा कि बगल में राजम खड़ा था जो उन्हें घूरे जा रहा था।

स्वामी ने सोचा कि इस मुसीबत से बचने का सबसे अच्छा उपाय यह है कि किसी मेज़ या कुर्सी के नीचे जाकर छिप जाए।

मणि ने पूछा, 'इस सबका मतलब क्या है?'

'तुम इतने पागल क्यों हो रहे हो?' उसने भी सवाल कर दिया।

'गलती तो तुम्हारी है,' मणि ने यह कहकर उसकी तरफ़ नज़र डाली। 'ये सब..'

'ठांक है, लेकिन मैंने तो तुम्हें भौंकने और मिमियाने को नहीं कहा-था?' राजम ने कहा।

सोमू और उसके साथी हँसने लगे। मणि ने उन्हें घूरा और बोला, 'तो मैं चला

जाता हूँ। यह जगह मेरे लिए नहीं है।'

राजम ने जवाब दिया, 'अगर तुम मुझे फिर कभी मिलने या बात न करने को तैयार हो, तो ज़रूर चले जाओ।'

अब मणि ढीला पड़ने लगा। राजम उसे एक तरफ ले गया और सांत्वना दी। इसके बाद वह स्वामी की तरफ मुड़ा जो बहुत दुखी नज़र आ रहा था। उसने यह कहकर उसे मनाने की कोशिश की कि कुत्ते और बिल्ली की इतनी मज़ेदार आवाज़ें तो उसने आज तक नहीं सुनी थीं? अगर वे मेलों में ये बोलियाँ सुनाएं तो उन्हें इनाम भी मिल सकते हैं। यही नहीं, अगर यहीं फिर वे दोनों बोलियाँ सुनायें, तो वह खुशी से सुनना चाहेगा—हो सकता है, पिताजी भी मज़ा लेने आ जायें।

दोनों खुश हो गये। कुछ घमंड भी महसूस करने लगे। इसके बाद खाने-पीने का दौर शुरू हुआ, जिसके बाद तो वे एकदम चहकने लगे—बस, जब उन्हें कमरे में मौजूद अपने तीन दुश्मनों की याद आती, तो वे चुप हो जाते।

अब राजम ने दोस्ती क्या है, इस पर भाषण देना शुरू किया। उसने दोस्ती के बारे में एक-से-एक बढ़कर ज़ोरदार बातें कहीं और किताब से बूढ़े की वह कहानी भी सुनाई जो अपने लड़कों को बताता है कि मिलकर रहने में ही भलाई है। दोस्त ही ज़रूरत के वक्त काम आता है और वही सच्चा दोस्त भी होता है। फिर उसने दुश्मनी बरतने वाले लोगों को नरक में क्या सज़ाएं दी जाती हैं, ये सब दृश्य भी दिखाये। राजम ने बताया कि धर्म-शास्त्रों में लिखा है कि दुश्मनी निभाने वालों को उनकी मौत के बाद एक बहुत छोटे-से कमरे में बंद कर दिया जाता है। फिर उन्हें लाल दहकते पत्थर पर नंगा खड़ा किया जाता है। उन्हें काटने के लिए चारों तरफ बड़ी-बड़ी मधुमक्खियाँ छोड़ दी जाती हैं। अगर वह उनसे बचने के लिए पत्थर से नीचे उतरना चाहता है तो बड़े-बड़े साँप-बिच्छू और दूसरे कीड़े उसे खाने दौड़ पड़ते हैं।

यह सुनकर लड़कों में डर की लहर दौड़ गई। वह कहता रहा... इस तरह पापियों को महीने-भर तक खड़ा रहना पड़ता है, न वे खा सकते हैं, न सो पाते हैं। महीने भर बाद उन्हें एक और जगह भेजा जाता है जहाँ पहुँचने के लिए उबलते हुए तेल की झील पर बहुत सँकरे पुल से गुज़रना पड़ता है। पुल इतना छोटा होता है कि एक ही पैर उस पर रख सकते हैं। पुल पर भी खतरनाक कीड़े-मकोड़े घूमते रहते हैं और आगे बढ़ते रहने के लिए पीछे से कोड़े लगाये जाते हैं। पहले एक कदम पर, फिर दूसरे पर, ताल बनाकर आगे बढ़ना पड़ता है और इस तरह उबलते तेल में नीचे गिरे बिना हज़ारों साल, अनंत काल तक चलते रहना पड़ता है।

भाषण से साथी लोग बड़े प्रभावित हुए। फिर राजम ने एक-एक को बुलाकर

यह कहलवाया कि इसके बाद वे किसी से दुश्मनी नहीं करेंगे। शंकर यह कहेगा तो उसे एक जिल्दबंद कापी इनाम में दी जायेगी, स्वामी कहेगा तो उसे एक चाभी से चलने वाला इंजन मिलेगा, सोमू को एक पेटी मिलेगी, मणि को बढ़िया जेबी चाकू और मटर को खूबसूरत पेन।

इसके बाद उसने अलमारी खोली और सब इनाम सामने रख दिये। लेकिन सब लोग कुछ देर एकदम चुप बैठे रहे। राजम भी भाषण की गर्मी से पसीने-पसीने हो रहा था।

मटर सबसे पहले उठा। वह अलमारी तक गया और बोला, 'मुझे पेन दिखाओ।' राजम ने कलम उसे दे दिया। वह उलट-पलटकर देखता रहा, फिर बिना कुछ कहे उसे वापस कर दिया। राजम ने पूछा, 'अच्छा नहीं लगा?' मटर अलमारी में रखी चीज़ें देखता रहा, फिर बोला, 'मैं वह डिब्बा ले सकता हूँ? उसने एक छोटे से डिब्बे की तरफ इशारा किया जिसमें कई पीले और काले डिज़ायन बने थे और ढक्कन पर ताजमहल बना था। राजम बोला, 'नहीं, वह मेरा है। उसे मैं तुम्हें नहीं दे सकता।' फिर उसे याद आया कि ट्रंक में उसके पास ऐसे ही दो और डिब्बे हैं। वह बोला, 'नहीं, नहीं। तुम इसे ले सकते हो। मेरे पास और हैं।'

थोड़ी देर बाद मणि अपने हाथ पर चाकू की धार देख रहा था, सोमू पेटी पहन रहा था, शंकर मोटी सी कापी उलट-पलट रहा था और स्वामी अपना हरा इंजन सीने से लगाये खड़ा था।

नवजात

माँ पिछले दो दिन से बिस्तर पर पड़ी थी। स्वामीनाथन को किचेन में उसकी कमी बहुत खलती थी, क्योंकि इससे उसका खाना-पीना ठीक नहीं हो पाता था। उसे माँ के कमरे में जाने को मिला तो उसने देखा कि वह बिस्तर पर अस्त-व्यस्त लेटी है और चेहरा पीला पड़ गया है। माँ ने उसे पास बुलाया और पूछा कि वह इतना उदास क्यों दिख रहा है और क्या उसका खाना-पीना और सोना ठीक-ठाक चल रहा है। स्वामी खाली नज़रों से माँ को देखता रहा। यह तो उसकी वह माँ नहीं लग रही है! वह उपेक्षा से उससे बात करता रहा, उसकी शक्ल परेशान कर रही थी। फिर वह हाथ छुड़ाकर बाहर निकल आया।

दादी ने उसे बताया कि उसका एक भाई होने वाला है। इस खबर से भी उसमें उत्साह पैदा नहीं हुआ।

रात को वह दादी के ही साथ सोया। रोशनी सारी रात जलती रही! जब भी उसकी आँख खुलती, बरामदे में लोगों के चलने-फिरने की आवाज़ सुनाई देती। देर रात वह अचानक जाग उठा और उसे बड़े कमरे में लेडी डाक्टर दिखाई दी। वह इस तरह काम कर रही थी जैसे सारा घर उसी का हो। वह माँ की कोठरी में गई और फिर वापस आई तो उसे लोगों के फुसफुसाने की और दबी हुई कराहों की आवाज़ें सुनाई दीं। फिर वह भीतर गई और बाहर आई तो उसका चेहरा गंभीर था और उसने हर एक को कुछ-न-कुछ करने को कहा। पिताजी को भी हुक्म देकर काम में लगा दिया। वह क्षण भर के लिए कहीं गये और बाहर आये तो उनके हाथ में एक छोटी-सी बोतल थी। उन्होंने परेशानी से इधर-उधर देखा। कमरे में दबी हुई आवाज़ें, जल्दबाज़ी, गंभीरता, गरम पानी, दवाएं-दुनिया में एक नए बच्चे के आने की ये सब तैयारियाँ स्वामी की समझ से बिलकुल बाहर थीं। इधर दादी के पास से जो भी गुज़रता, उससे वे कुछ-न-कुछ सवाल करतीं, लेकिन वे जवाब दिये बिना आगे बढ़ जाते।

लेकिन इस सबसे स्वामी को क्या फरक पड़ता था! दादी के पलंग पर पाँच

दरियाँ, और पाँच मुलायम तकिये, बड़े आरामदेह थे और पास में ही दादी का होना उसे भरोसा देता था। उसे और क्या चाहिए था! उसकी आँखें झपकने लगीं और फिर मुंद गईं।

कक्षा में तमिल पढ़ाने वाले पंडित जी नाक पर चाँदी की कमानी लगा चश्मा चढ़ाये, रूखा बालों भरा मुँह ऊपर उठाये व्याकरण की बारीकियाँ समझा रहे थे। सामने बैठे समझने वालों से ज्यादा उत्साह उनमें था। वातावरण में भिन-भिन की आवाज़ें सुनाई दे रही थीं, लड़कों ने अपने ग्रुप बना लिये थे और आपस में धीरे-धीरे बातें कर रहे थे। पंडित जी ने मेज़ पर ठुक-ठुक करके लड़कों को शान्त करने की कोशिश की, लेकिन कोई असर न होता देखकर खुद ही चुप हो गये और पहले की तरह पढ़ाने में लग गये। अब शोर और भी बढ़ गया और उनकी आवाज़ उसमें दब गई। किसी को कुछ सुनाई नहीं पड़ रहा था।

शंकर और कुछ लड़के सामने पहली बैंच पर बैठे कान ऊँचे किये सुन रहे थे और कलम चला रहे थे। स्वामी और मटर सबसे पीछे की बेंच पर बैठे थे।

स्वामी ने कहा, 'मटर, आज सवेरे मेरा एक भाई हुआ है।'

मटर को यह खबर अच्छी लगी। बोला, 'तुम्हें कैसा लगा वह?'

'अरे, लगा क्या, अभी तो वह कुछ भी नहीं है। बहुत अजीब-सा लगता है।' यह कहकर उसने नवजात की नक़ल करने की कोशिश की। उसने अपनी आँखें बंद कर लीं, ओंठ एक-दूसरे से सटा लिये, मुठ्ठियाँ बंद करके छाती पर दबा लीं, जीभ बाहर निकाल ली और इधर-उधर लुढ़कने का अभिनय किया। मटर यह तमाशा देखकर बेतहाशा हँसने लगा।

'लेकिन,' स्वामी ने कहा, 'उसके हाथ बड़े प्यारे हैं, छोटे-से और गुलगुले। पर चेहरा बहुत अजीब है, बिलकुल लाल, मिरची की तरह।'

फिर वे कुछ देर तक पंडितजी की बातें सुनते रहे। मटर बोला, 'स्वामी, लेकिन ये बच्चे बड़ी तेज़ी से बढ़ते हैं। मैंने इतना ही बड़ा एक बच्चा देखा था, लेकिन दुबारा जब उसे देखा तब वह एकदम बदल चुका था।'

इम्तहान आ रहे हैं

इम्तहानों से दो हफ्ते पहले, अप्रैल में स्वामी ने महसूस किया कि पिताजी बहुत बदल गये हैं—और यह बदलाव अच्छा नहीं है। अब वह बहुत किन्तु-परन्तु निकालने लगे हैं और तुनकमिज़ाज हो गये हैं। जैसे उन्होंने तय कर लिया है कि बेटे को तंग करते रहना है। अगर वह दादी से बात कर रहा होता तो वे अचानक प्रकट होकर कहते, 'बेटे, इम्तहान पास है, याद है न? दादी तुम्हारा इन्तज़ार कर लेगी, लेकिन इम्तहान नहीं करेगा'

अगर वह माँ के साथ चल रहा होता तो वे उसे पीछे से पकड़ लेते और डेस्क पर लाकर बिठा देते। इसी तरह रात को तालुका दफ्तर का घंटा जब नौ बजे बजता, तो उनके कमरे से आवाज़ सुनाई देती, 'स्वामी, अभी तक तुम सोये क्यों नहीं? सवेरे जल्दी उठकर भी तुम्हें पढ़ाई करनी है।'

स्वामी की ज़िंदगी में ये दिन काफी मुश्किल थे। एक दिन परेशान होकर उसने जवाब दिया, 'आप मेरे इम्तहान को लेकर इतने परेशान क्यों हैं?'

'इसलिए, कि कहीं तुम फेल न हो जाओ।'

'मैं फेल नहीं होऊँगा।'

'ठीक है, अगर ठीक से पढ़ाई करोगे और परचे अच्छे करोगे, तो फेल नहीं होंगे... लेकिन अगर तुम फेल हो गये और तुम्हारे सभी साथी पास हो गये, तो क्या होगा? हाँ, जैसे ही इम्तहान खत्म हो जाये, उसके तुरंत बाद तुम जो चाहो कर सकते हो।'

स्वामी को बात सही लगी। वह सोचने लगा : अगर मटर, मणि, शंकर और राजम उसे पीछे छोड़कर अगली कक्षा में चले जायें, तो...। पिताजी सही कह रहे हैं। यह देखकर पिताजी ने उसे और भी कसा, 'अगर पिछली कक्षा के लड़के तुम्हारे नए साथी हो जायें तो...।'

स्वामी पूरा ध्यान लगाकर दशमलव के सवाल करने लगा।

स्कूल में सभी कक्षाओं के विद्यार्थियों पर इम्तहानों का भूत सवार था। कई हफ्तों से शंकर के चेहरे पर मुस्कान नहीं दिखाई दी थी। सोमू भी पढ़ने में बहुत फुर्तीला नज़र आने लगा था। मटर ने मज़ाक करना बंद कर दिया था और दूसरों के मज़ाक समझने में भी उसे देर लगती थी। और राजम का हाल यह था कि वह पहली घंटी बजते ही स्कूल में दाखिल हो जाता, जो भी पढ़ाया जाता उसे ध्यान से कापी में नोट करता और छुट्टी होते ही घर चला जाता था। स्कूल में वह मुश्किल से दस-बारह शब्द किसी से बोलता था। मणि के चेहरे पर चिंता दिखाई देने लगी थी और जब भी शंकर उसे मिलता, उससे समझ में न आये सवालों की पूछताछ करता रहता था। वह स्कूल के क्लर्क के पीछे भी लगा रहता, क्योंकि लड़कों की आम धारणा यह होती है कि क्लर्क को सारी जानकारी होती है और इम्तहान में आने वाले पर्चों के सब सवाल भी उसे पता होते हैं।

मणि एक दिन क्लर्क के घर गया और खेत के ताज़े बैंगन एक थैले में उसे भेंट किये। क्लर्क बैंगन से भरा थैला देखकर बहुत खुश हुआ और प्यार से मणि को कमरे में ले जाकर उसे एक स्टूल पर बिठा दिया।

क्लर्क इस भेंट से बहुत संतुष्ट दिख रहा था और मणि को लग रहा था कि इस समय वह जो भी चाहे, उसे मिल सकता है। लेकिन क्लर्क जो कुछ कह रहा था, उसका विषय था उसकी बिल्ली जो पास ही चुप पड़ी थी। मणि की समझ में ही नहीं आ रहा था कि वह कह क्या रहा है। उसके मन में तो इम्तहान के पर्चों की जानकारी की बातें घूम रही थीं।

क्लर्क ने अब बिल्ली की चर्चा छोड़कर ज़हरीले मच्छरों की बात शुरू कर दी जो आँखों के इर्द-गिर्द मँडराते रहते हैं। पर मणि को इसमें भी रुचि नहीं थी, वह तो इस फिराक़ में था कि कब क्लर्क अपनी बात खत्म करे और वह अपना हमला शुरू कर दे? क्लर्क कहता जा रहा था, 'इन मच्छरों को कभी आँखों के करीब नहीं आने देना चाहिए, आँख की सब बीमारियाँ इन्हीं से पैदा होती हैं। और अगर कभी कुछ हो जाय तो सबसे अच्छा इलाज है प्याज़ का एक टुकड़ा काटकर..'

मणि की समझ में आ गया कि यह बोलना बंद नहीं करेगा, तो उसने बीच में ही अपना हमला शुरू कर दिया, 'सर, इम्तहान में अब एक ही हफ्ता बाकी रह गया है...'

क्लर्क को यह बात अजीब-सी लगी। बोला, 'हाँ, ठीक है, एक हफ्ता रह गया है.. तुम्हें अच्छा, बड़ा प्याज़ लेना चाहिए, जिसमें खूब रस हो। छोटा, सूखा प्याज़ नहीं...'

मणि ने प्याज़ की उपेक्षा करते हुए कहा, 'सर, मुझे इम्तहान की बड़ी फिक्र हो रही है...,' और चेहरे पर भय का भाव लाने की कोशिश की।

'यह सुनकर मुझे अच्छा लग रहा है। तुम जमकर पढ़ाई करोगे तो ज़रूर पास हो जाओगे,' क्लर्क ने ज्योतिषी बनते हुए जवाब दिया।

'देखिए सर, मुझे इम्तहान से बहुत डर लग रहा है। रात को नींद नहीं आती। अगर आप मुझे कुछ ज़रूरी बातें बता सकें... मुझे इतना ज्यादा पढ़ना है। मैं वे सब गैरज़रूरी चीज़ें नहीं पढ़ना चाहता जो इम्तहान में पूछी ही न जायें।' इस तरह उसने अपना उद्देश्य समझाने की कोशिश की।

क्लर्क समझ तो गया कि वह क्या पूछना चाहता है लेकिन बचते हुए उसने कहा, 'ठीक है, तुम्हें वही हिस्से पढ़ने चाहिए जो ज़रूरी हों।'

मणि भी समझ गया कि चालाकी से काम नहीं चलेगा, इसलिए उसने साफ़-साफ़ पूछा, 'आप यह बताइये कि इम्तहान में क्या-क्या सवाल आयेंगे।'

क्लर्क ने इनकार करते हुए कहा कि उसे पर्चों के बारे में कोई जानकारी नहीं है। मणि ने चापलूसी करते हुए कहा कि आपको नहीं तो किसको पर्चों का पता होगा।

क्लर्क ने पीछा छुड़ाने की दृष्टि से ऐसी बातें करनी शुरू कीं जो मणि की नज़र में बहुत उपयोगी थीं। क्लर्क को तो यह भी पता नहीं था कि उसकी कक्षा में क्या पढ़ाया जाता है, फिर भी उसने कहा, 'देखो, तुम्हें भूगोल पर ज्यादा ध्यान देना चाहिए। हो सकता है कि तुम्हें नक्शे का काफी अभ्यास करना पड़े। और जहाँ तक गणित का सवाल है, तुम्हें हर रोज़ कम से कम पाँच सवाल हल करना चाहिए। ऐसा करोगे तो तुम सारी गणित इस तरह हज़म कर सकोगे जैसे केला खाकर कर लेते हो।'

'और अंग्रेज़ी के बारे में क्या करूँ?'

'अंग्रेज़ी की चिंता मत करो। तुमने पूरी किताब पढ़ डाली है?'

'जी, पढ़ डाली है,' मणि ने डरते-डरते कहा।

'तो फिर ठीक है। अब तुम यह करो कि ज़रूरी पाठ फिर पढ़ डालो, और वक्त मिले तो दोबारा-तिबारा दोहरा लो। इतना काफी होगा।'

ताज्जुब है कि मणि इस उपदेश से संतुष्ट हो गया। घर लौटते हुए वह सोचता रहा कि बैंगन खरीदने में उसने जो पैसा खर्च किया था, वह बेकार नहीं गया।

अब मणि को लगा कि वह बहुत खास व्यक्ति हो गया है। उसे क्लास के दूसरे छात्रों पर दया आने लगी जिन्हें इस तरह पढ़ाई करने का गुर मालूम नहीं था, जिससे उन्हें बहुत मेहनत करनी पड़ती थी। उसने तय किया कि स्वामी को भी ये गुर बताये, पर उसे किसने यह सब बताया है, इस बात को छिपाये रखे।

दोनों शाम को स्कूल से घर वापस जा रहे थे। एक दूसरे से अलग होने से पहले

वे विनायक मुदाली और ग्रोव स्ट्रीट के चौराहे पर रुके, तो मणि ने कहा, 'तुम्हें पता है इम्तहान में क्या आने वाला है?'

स्वामी बोला, 'किताबों में जो है, उसके बाहर कुछ आयेगा क्या?'

मणि ने मज़ाक पर ध्यान नहीं दिया! कहा, 'मेरी बात ध्यान से सुनो। तुम्हें पता है कल रात सात से दस बजे तक मैंने क्या किया?'

'मूंगफली खाई होगी?'

'बेवकूफ, मज़ाक बंद करो। मैंने हिन्दुस्तान के दो नक्शे बनाये, दो अफ्रीका के बनाये और एक यूरोप का बनाया।'

'एटलस में देखकर बनाये होंगे।'

'हो सकता है...,' मणि को उसकी बात पसंद नहीं आई, बोला, 'लेकिन किसी उद्देश्य से ये नक्शे बनाये... हो सकता है, मुझे दो-एक सवालों का पता हो, लेकिन किसी और को यह मत बताना। नहीं तो मैं मुसीबत में पड़ जाऊँगा।' स्वामी को उसकी गंभीरता देखकर विश्वास भी होने लगा।

घर लौटकर स्वामी को उदासी महसूस होने लगी। माँ घर पर नहीं थी। दादी भी बात करने के मूड में नहीं नज़र आई। उसने दादी को उस दिन की कुछ बातें बतानी शुरू कीं। 'दादी, मालूम है, आज स्कूल में क्या हुआ। क्लास सी के एक लड़के ने किसी को चाकू से घायल कर दिया।'

'क्यों किया?' दादी ने अनमने भाव से पूछा।

'दोनों दुश्मन थे एक-दूसरे के।' फिर यह देखकर कि दादी को इस घटना में कोई रुचि नहीं है, इसलिए उसने दूसरी कहानी शुरू की। 'दादी, सुनो। हेडमास्टर साहब आज चलते हुए एक दरवाज़े से टकरा गये और उनके अँगूठे से ढेर सारा खून निकला। दिन-भर लँगड़ा-लँगड़ा कर स्कूल में घूमते रहे। वे तीसरी क्लास को पढ़ा भी नहीं सके, इसलिए उन्हें छुट्टी मिल गई।'

'अच्छा?' दादी ने हुंकारा भरा।

स्वामी को यह देखकर बड़ी चिढ़ हुई कि दादी को नींद आ रही है। और वे उसकी बातों में दिलचस्पी नहीं ले रही हैं।

अब वह अपने नन्हें भाई के पालने की तरफ़ मुड़ा। हालांकि पहले उसे अपने इस छोटे से भाई में कोई रुचि नहीं थी, लेकिन अब उसे इसकी बातें अच्छी लगने लगी थीं। अब यह छह महीने का हो गया था और कुछ हरकतें भी करने लगा था। पहली बात यह कि किसी को अपने पास देखकर वह किलकारी मारने लगता था, उसके मुँह में अपना छोटा सा हाथ डालने लगता था, फिर दोनों हाथ ऊपर हवा में

उछालने लगता था, और अंत में मुँह खोलकर मुस्कराने लगता था। स्वामी को उसके सब कारनामे बहुत अच्छे लगते थे। झूले के एक सिरे पर बैठकर वह घंटों बच्चे के साथ खेला करता था। वह कोशिश करता कि बच्चा उसका नाम 'स्वामीनाथन' बोले, लेकिन बच्चा एकाध ध्वनि निकालने और किलकारी मारने के अलावा कुछ और नहीं कर पाता था।

उसने झूले पर नज़र डाली और यह देखकर निराश हुआ कि बच्चा सो रहा है। उसने खखारकर गला साफ किया और कोशिश की कि बच्चे की नींद खुल जाय। लेकिन बच्चा सोता रहा। फिर वह दबे पाँव वहाँ से हट आया, यह सोचकर कि अगर यह जग गया तो पहले आधे घंटे तक वह चीख-चीखकर और रो-रोकर सारे घर को परेशान कर देगा। नींद से अचानक जगाया जाने पर उसका यही व्यवहार होता था।

शाम के वक्त घर पर बने रहना उसे बहुत परेशान करता था। इस समय सरयू के रेतीले तट पर मणि के साथ घूमते हुए गपशप करना उसे अच्छा लगता था। लेकिन इम्तहान खत्म होने तक उसके इस तरह घूमने पर पिताजी ने पाबंदी लगा रखी थी। वह अक्सर सोचता कि पिताजी को बता दे कि उसे यह पाबंदी पसंद नहीं है। लेकिन इसकी हिम्मत करने से पहले ही वह जवाब दे जाती थी। कोई बात नहीं, इम्तहान के लिए एक हफ्ता ही रह गया है...। यह सोचकर ही उसके मन में ताज़गी आ गई कि इसके बाद वह पहले की तरह मस्ती कर सकेगा।

वह मेज़ पर आ बैठा और एटलस निकाल लिया। यूरोप का राजनीतिक नक्शा निकाला और उसे ध्यान से देखने लगा। उसे यह सोचकर ताज्जुब हुआ कि ऐसे टेढ़े-मेढ़े प्रदेश में लोग कैसे रह लेते हैं। जहाँ ऐसी उलटी-सीधी खाड़ियाँ और छोटे-छोटे द्वीप हैं, वहाँ के लोगों को खतरे के दिनों में बचकर निकल भागने में कितनी परेशानी होती होगी। फिर उसे एक और समस्या परेशान करने लगी? नक्शे बनानेवालों को ज़मीन के इस टेढ़े-मेढ़ेपन का ज्ञान कैसे होता होगा? उन्हें यह कैसे पता चला होगा कि यूरोप की शक्ल ऊँट के सिर जैसी है? क्या बहुत ऊँचे खंभों पर चढ़कर उन्होंने नीचे देखा होगा और जो दिखाई दिया, उसे नकल कर लिया होगा? वह सोचता कि नक्शे में उसे हिन्दुस्तान जैसा दिखाई देता है, वैसा उसे वह टाउन हाल की छत पर खड़ा होकर देख सकेगा? वह इस छत पर कभी गया नहीं था, और न जाना ही चाहता था। हालाँकि उसे यकीन नहीं होता था पर दरज़ी बड़े विश्वास से उसे बताता था कि टाउन हाल की सबसे ऊपरी मंज़िल पर एक जेलखाना है जिसमें पठान जवान लड़कों को फुसलाकर ले जाते हैं।

फिर चौंककर वह अपने विचारों से बाहर निकला और कागज़ पर यूरोप के नक्शे की नकल तैयार की। उसे यह जानना अच्छा लगा कि वह काफी अच्छा नक्शा बना

सकता है, भले ही उसकी बनाई आकृति का आधा हिस्सा साँड़ जैसा और आधा ऊँट जैसा लग रहा था।

शाम के सात बज गये थे और पिताजी घर लौट आये थे। बेटे को काम करते देखकर वे बहुत खुश हुए। नक्शे पर नज़र डालते हुए बोले, 'अच्छा बनाया है।' स्वामी को ये शब्द सुनकर लगा कि उसकी सब तकलीफें दूर हो गई हैं। उसने पन्ने पलटे और अफ्रीका का नक्शा देखने लगा।

इम्तहान शुरू होने से दो दिन पहले उसने अपनी ज़रूरतों की सूची बनानी शुरू की। एक कागज़ उठाया और लिखा :

सफेद सादा कागज़	20 पन्ने
निब	6
स्याही	दो बोतलें
क्लिपें	
पिन	

अब पेंसिल चबाते हुए उसने सूची को दोबारा देखा। उसे यह सही नहीं लगी। उसे पता ही नहीं था कि उसकी ज़रूरतें इतनी कम हैं। जब वह सूची बनाने बैठा था तब उसने सोचा था कि दो-तीन पन्ने भर जायेंगे। लेकिन यह तो पाँच लाइनों में ही पूरी हो गई थी। उसने सूची को फिर देखा। 'सफेद सादा कागज़ 20 पन्ने। वह सोचने लगा कि उसने बिना रूल वाला सादा कागज़ ही क्यों चुना हैं। उसे यह पता था कि वह कितनी भी कोशिश करे, उसकी लिखाई में लाइनें दाहिनी तरफ ऊपर के कोने में सरकती चली जाती हैं। इम्तहान में तो यह नहीं चलेगा। उसे कुछ रूलदार कागज़ भी रखना चाहिए। और निब कितनी हों? वह सोचने लगा कि एक इम्तहान में कितनी निबें लग जायेंगी। एक? दो? पाँच?... इसके बाद स्याही! उसे कितनी स्याही खरीदनी चाहिए? अब क्लिपों और पिनों की समस्या सामने आई। उसे बिलकुल पता नहीं था कि किस चीज़ की कितनी ज़रूरत पड़ेगी और यह भी कि एक गुच्छे में ये होती कितनी हैं। किसी दुकानदार से छह पिनें और छह क्लिपें देने की कहकर उसे शर्मिंदगी नहीं होगी?'

अंत में बहुत सोच-विचारकर उसने अंतिम सूची बनाई :

बिना रूलवाला सफेद कागज़	20 पन्ने
रूलदार सफेद कागज़	10 पन्ने
काली स्याही	1 बोतल
क्लिपें	3-6-12
पिनें	6-12

लेकिन सूची अभी भी संतोषजनक नहीं बनी थी। इस पर फिर से विचार करके उसने इसमें ये चीज़ें और बढ़ाईं :

कार्ड-बोर्ड 1 पैड,

दूसरे खर्चों के लिए 1 रुपया

पिताजी अपनी मेज़ पर बैठे काम कर रहे थे। स्वामी सूची हाथ में लेकर उनके सामने जा खड़ा हुआ। पिताजी काम में इतने व्यस्त थे कि उन्हें स्वामी के आने का पता ही नहीं लगा। स्वामी ने सोचा कि किसी और वक्त उन्हें यह दिखायेगा। खाने के बाद अगर वह इसकी बात करेगा तो ज्यादा अच्छा रहेगा। वह दबे पाँव बाहर निकल आया। जैसे ही वह कमरे से निकला, पिताजी की आवाज़ सुनाई दी, 'कौन है ?'

आवाज़ उसे सख्त लगी। तुरंत दूसरी आवाज़ आई, 'मैं पूछता हूँ, कौन हैं ?' यह जैसे शेर की गरज थी और वे उठकर स्वामी के पास आ खड़े हुए। स्वामी तय भी नहीं कर पाया कि वहाँ रुके या क्या जवाब दे।

'तुम थे ?'

'जी।'

'बेवकूफ ! तुम जवाब नहीं दे सकते थे... और मैं हूँ कि चिल्लाता जा रहा हूँ—कौन है ? कौन है ?... इस घर में कोई एक सेकिंड शान्ति से नहीं रह सकता। मैं हूँ जो काम में लगा हूँ और मिनट-मिनट पर कोई न कोई आकर कुछ कहने लगता है। मैं काम कैसे करूँ ? जाकर अपनी माँ से कह आओ कि वह मेरे कमरे में कभी न आया करे। तेलवाला या सब्जीवाली कोई भी पैसे माँगने आये, मुझे परेशान न किया जाय। किसी को घर में मत घुसने दो। तुम्हारी माँ तो सोचती है—और तुम्हारे हाथ में यह कागज़ कैसा है ?'

'कुछ नहीं है, पिताजी,' यह कहते हुए स्वामी ने कागज़ अपनी जेब में ठूँस लिया।

'लेकिन यह है क्या ?' पिताजी चीखे और कागज़ उसकी जेब से निकाल लिया। 'मैं पूछता हूँ, है क्या यह ?' फिर कागज़ पढ़ते हुए अपनी कुर्सी पर जा बैठे।

स्वामी ने दो-तीन दफ़ा खाँसकर गले में आवाज़ पैदा की और कहा, 'यह मेरे-इम्तहान की सूची है।'

'क्या सूची इम्तहान की ?'

'परसों से इम्तहान शुरू हो रहे हैं... आपको पता है...।'

'पता है। और तुम बेलगाम गधे की तरह घर में घूम रहे हो। और क्या वाहियात सूची है यह। तुम सोचते हो रुपये-पैसे आसमान से टपकते हैं।'

स्वामी यह नहीं सोचता था, लेकिन कुछ इसी तरह सोचता था।

पिताजी ने मेज़ की दराज़ खोली और उसमें हाथ डालते हुए कहने लगे, 'तुम्हें जो चाहिए, मुझसे ले लो। लेकिन क्लिपें मेरे पास नहीं हैं। और तुम्हें क्लिपें क्यों चाहिए, इनकी तुम्हें क्या ज़रूरत पड़ेगी? और यह पैड भी क्यों चाहिए? तुम्हारे कमरों में डेस्कें नहीं हैं क्या? हमारे दिनों में स्लेट से ही सब काम चल जाता था। और अब तुम्हें कागज़, कलम, स्याही, और कागज़ के नीचे रखने के लिए पैड भी चाहिए...।'

उन्होंने अपनी मोटी लाल पेंसिल उठाई और कागज़ पर 'पैड' का नाम काट दिया। इससे पूरा कागज़ चिर-सा गया। फिर उसे स्वामी की तरफ फेंक दिया।

कागज़ की यह दशा देखकर स्वामी उदास हो उठा। वह सोच रहा था कि जेब में पैसे खनकाते हुए अमीर मार्ट जायेगा और शान से चीज़ें खरीदेगा।

कागज़ उठाकर वह चलने लगा तो पीछे से पिताजी की गरज फिर सुनाई दी, 'सुनो, तुम बाहर जाओ तो, ईश्वर के लिए बच्चे को कमरे से बाहर हटा देना। मुझे उसकी चीखें अच्छी नहीं लगतीं।... वह क्यों चीखता रहता है... तुम्हारी माँ भी बहरी है या पागल है... बच्चा कितना भी चीखता रहे, उसे फिट भी पड़ जाय, लेकिन वह परवाह नहीं करेगी।'

आखिरी पर्चा

सूखे ओंठ, खुश्क गला और स्याही से सनी उंगलियाँ, और मन में एक तरफ थकान तथा दूसरी तरफ हलकापन और खुशी लिये, इम्तहान का आखिरी पर्चा खत्म करके कमरे से बाहर निकला। परीक्षा कक्ष में यह उसका आखिरी दिन था।

वरांडे में खड़े होकर उसने हाल में एक नज़र डाली तो उसे कुछ परेशानी महसूस हुई। उसे अच्छा लगता अगर उसकी कक्षा के अन्य साथी भी उसी की तरह समय से बीस मिनट पहले पर्चा समाप्त कर बाहर आ गये होते। दीवाल से अपना बायाँ कंधा लगाये शंकर लिखने में लगा था। तीसरी क्लास के दो लड़कों के बीच, दूसरी खिड़की के पास बैठा राजम भी तेज़ी से कलम चलाये जा रहा था। मणि सामने टकटकी बांधे देखता कलम से अपनी ठोड़ी खुजा रहा था। मटर कुर्सी पर पीठ टिकाये अपने जवाब दोबारा देख रहा था। एक अध्यापक कुर्सी पर बैठा ऊँघ रहा था, दूसरा चुपचाप इधर-उधर देखता टहल रहा था। परीक्षा कक्ष में छायी शांति के बीच निबों की खर्र-खर्र, कागज़ों की फरफराहट और गला साफ करने की मद्धिम आवाज़ें सुनाई दे रही थीं।

स्वामीनाथन सोचने लगा कि उसे इतनी जल्दी बाहर नहीं आ जाना चाहिए था। लेकिन वह ज्यादा देर तक बैठा भी कैसे रह सकता था? तमिल का पर्चा पाँच बजे खत्म होना था। साढ़े चार बजे वह पर्चे के आखिरी सवाल के जवाब की आखिरी लाइनें लिख रहा था। कुल छह सवालों में उसने पहले का जवाब बहुत अच्छा लिखा था, दूसरे का बहुत सही नहीं था, तीसरा काफी ठीक ही था, और चौथे के जवाब के बारे में वह जानता था कि जवाब गलत है—पर इसका सही जवाब तो उसे पता नहीं था।

छठे सवाल का उसका जवाब सबसे अच्छा था। इसे लिखने में उसे सिर्फ एक मिनट लगा था। साढ़े चार बजने से सिर्फ दो मिनट पहले उसने यह सवाल पढ़ा था, एक मिनट बाद उसने जवाब लिखना शुरू किया था, और ठीक साढ़े चार बजे लिखकर खत्म कर दिया था। सवाल था : 'ब्राह्मण और चीते की कहानी से आपको

क्या सबक मिलता है?' कहानी यूँ है : एक ब्राह्मण किसी तालाब के किनारे से गुज़र रहा था। दूसरे किनारे पर खड़े एक चीते ने उसे आवाज़ दी कि यह सोने का कड़ा ले जाओ। पहले तो ब्राह्मण ने यह भेंट लेने से मना कर दिया, लेकिन जब चीते ने अपनी भलमनसाहत और ईमानदारी की बार-बार कसमें खाईं, वह कड़ा लेने के लिए पानी में उतरा। दूसरे किनारे पर पहुँचकर जैसे ही उसने कड़ा लेने के लिए हाथ बढ़ाया, चीता उसे पकड़कर खा गया।

स्वामीनाथन ने यह सोचा भी नहीं था कि इस कहानी में कोई उपेदश भी हो सकता है। लेकिन अब चूँकि परचे में लिखा था कि इससे मिलने वाला सबक बताओ, तो इसमें उपदेश होना ही चाहिए। एक मिनट उसने यह सोचने में लगाया कि यह सबक क्या हो सकता है : क्या यह कि जब कोई चीता सोने का कड़ा भेंट करे तो उसे लेना नहीं चाहिए, या यह कि सोने के कड़े का लालच करने से जान भी जा सकती है? उसे दूसरी बात में तर्क ज्यादा लगा, इसलिए वही जवाब लिख दिया। जवाब लिखने के बाद उसने हाल में लगी घड़ी पर नज़र डाली। समय खत्म होने में आधा घंटा बाकी था। इतनी देर यहाँ बैठकर वह क्या करेगा? लेकिन सबसे पहले बाहर निकल आना भी उसे ठीक नहीं लग रहा था। दूसरे लड़के भी उसकी तरह जल्दी पर्चा क्यों नहीं पूरा कर डालते?

अब उसे वक्त काटना मुश्किल लग रहा था। पर्चा तीन घंटे की जगह ढाई घंटे का क्यों नहीं कर दिया जाता? बाहर खाली पड़े वरांडे में उसकी नज़र जा टिकी। काश, उसमें हिम्मत होती कि कापी पकड़ाकर बाहर निकल जाए—अब काफी दिन तक कोई इम्तहान नहीं होगा—इन दिनों वह जो चाहे कर सकेगा—सवेरे, दोपहर, शाम जब चाहे शहर में घूम-फिर सकेगा—सब किताबें फेंक देगा—और दादी से जितनी चाहे कहानियाँ सुन सकेगा।

उसे लगा कि एक अध्यापक उसे ध्यान से देख रहा है, फौरन उसने कापी पर नज़र गड़ा ली। फिर उसने सोचा कि बैठना ही है तो जवाब दोबारा देख क्यों न लिये जायँ! पहले सवाल की कुछ लाइनें पढ़ीं और वह बोर होने लगा। वह तेज़ी से पन्ने पलटने लगा और आखिरी सवाल तक आ पहुँचा। वह देर तक इसका जवाब देखता रहा। दरअसल अब वह नाटक कर रहा था। चीते की कहानी का सबक इतनी देर तक देखा कि उसका अर्थ ही गायब हो गया। अब उसने कलम उठाई और कॉमा, फुलस्टाप ठीक करने लगा। देर तक धीरे-धीरे यही काम करता रहा।

फिर उसने घड़ी पर नज़र डाली और सोचा कि पाँच बज रहे होंगे। लेकिन अभी तो साढ़े चार बजे के बाद दस मिनट ही बीते थे। उसने देखा कि दो-तीन लड़के कापियाँ देकर बाहर जा रहे हैं। उसे खुशी हुई और जल्दी से कापी के पहले पन्ने पर

अपना नाम-पता लिखने लगा :

विषय	:	तमिल
नाम	:	डब्लू. एस. स्वामीनाथन
कक्षा	:	1, सेक्शन ए
		एलबर्ट मिशन स्कूल मालगुड़ी
		दक्षिण भारत
		एशिया

घंटी बजी! दो और तीन के ग्रुपों में लड़के बाहर निकलने लगे। पिछले तीन घंटों से अब नज़ारा बिलकुल उलटा था। सब ज़ोर-ज़ोर से बात कर रहे थे।

'तुमने आखिरी सवाल के जवाब में क्या लिखा?' स्वामीनाथन ने एक साथी से पूछा।

'कौन सा सवाल? सबक वाला?... तुम्हें याद नहीं टीचर ने क्या कहा था?... कि 'सोने के लालच में ब्राह्मण ने जान गँवाईं'।'

'वहाँ सोना था ही कहाँ?' स्वामी ने एतराज़ किया। 'वहाँ तो सोने का कड़ा था! इसके जवाब में तुमने कितना लिखा?'

'पूरा एक पन्ना,' साथी ने कहा।

स्वामी को यह उत्तर अच्छा नहीं लगा। उसने तो सिर्फ एक लाइन लिखी थी। 'लेकिन क्यों? इतना लंबा जवाब तुम कैसे लिख सके!'

कुछ देर बाद राजम और शंकर भी वहाँ आ पहुँचे। शंकर ने पूछा, 'पर्चा कैसा लगा?'

'अच्छा ही था,' स्वामी ने जवाब दिया।

'मुझे तो तमिल के पर्चे का ही डर था,' राजम बोला। 'अब मेरा ख्याल है, कोई खतरा नहीं है। पास होने के नंबर आ जायेंगे।'

'नहीं। ज्यादा मिलेंगे। ए क्लास,' शंकर बोला।

'सुनो,' स्वामी ने दखल दिया, 'कुछ मूर्खों ने पूरे पेज में सबक वाले सवाल का जवाब लिखा है।'

राजम कहने लगा, 'मैंने तीन-चौथाई पेज ही लिखा है।'

शंकर ने, जो इन विषयों में अधिकारी माना जाता था, कहा, 'मैंने आधा लिखा है।'

यह सुनकर स्वामी ने झूठ बोला, 'मैंने भी करीब-करीब आधा ही लिखा।' यह कहकर उसे मन में शांति महसूस हुई और यह झूठ उसे सच ही लगने लगा।

'पता है, अब कल से छुट्टी शुरू हो जायेगी।'

राजम ने कहा, 'अरे, यह तो मैं भूल ही गया था।'

किसी ने पूछा, 'इन दिनों तुम क्या करोगे?'

स्वामी ने जवाब दिया, 'मैं अपनी सब किताबें आग के हवाले कर दूँगा।'

शंकर बोला, 'मेरे पिताजी छुट्टियों में पढ़ने के लिए बहुत सारी किताबें ले आये हैं— जैसे 'सिंदबाद जहाज़ी', 'अलीबाबा' वगैरह।'

तभी मणि चिल्लाता हुआ आ पहुँचा, 'मुझे तो आखिरी सवाल लिखने का टाइम ही नहीं मिला।'

पीछे से मटर भी आ धमका, उसके एक गाल पर स्याही लगी थी। 'कैसा रहा, शंकर? फर्स्ट क्लास?'

'नहीं। पैंतीस से ज्यादा नहीं मिलेंगे।'

'मक्कार, झूठ बोल रहे हो तुम। अगर तुम्हें फर्स्ट क्लास मिली तो मैं तुम्हारी चुटिया काट डालूँगा।'

पंद्रह मिनट बाद फिर घंटी बजी। स्कूल के सब लड़के हाल में इकट्ठे हो गए। सबके चेहरों पर खुशी थी और दोस्ती का माहौल था। अध्यापक भी सबसे मीठा व्यवहार कर रहे थे। एबेनेज़र ने मणि को देखकर कहा, 'अरे, बंद खोपड़ी, ये छुट्टियाँ कहाँ बरबाद करोगे'

'सर, मैं तो सोने का मज़ा लूँगा,' मणि ने आँख दबाकर जवाब दिया।

'दुबारा वापस आओगे तो क्या तुम्हारा सिर सही हो जायेगा?'

'यह कैसे हो सकता है, सर, अगर आप शंकर का सिर काटकर मुझे भेंट कर दें, तभी हो सकता है...।'

यह सुनकर सब ज़ोर से हँसने लगे। दरअसल अब सब लोग हर बात पर हँस रहे थे, मूड ही ऐसा था। ड्राइंग मास्टर खुशी की लहर में छड़ी से अपना पैर पीट रहे थे, उनका कहना था कि उनके अंगूठे तेज़ी से बढ़ते चले जा रहे हैं।

हेडमास्टर साहब मंच पर खड़े हुए और लड़कों के शांत होने के बाद भाषण देने लगे। उन्होंने कहा कि अब उन्नीस जून तक स्कूल बंद रहेगा और बीस तारीख को फिर खुलेगा। उन्होंने आशा जताई कि लड़के वक्त बरबाद नहीं करेंगे, बल्कि किस्से-कहानियों की किताबें पढ़ने के साथ-साथ कभी-कभी अगली कक्षा की किताबों पर भी नज़र मारते रहेंगे, और उन्हें आशा है कि ज्यादातर लड़के पास होकर अगली कक्षाओं में चले जायेंगे। और इसके बाद प्रार्थना होगी और प्रार्थना करके लड़के अपने-अपने घर जा सकेंगे।

प्रार्थना खत्म होते ही मानो तूफान फट पड़ा। लड़के तरह-तरह की आवाज़ें करते हॉल से बाहर निकलने लगे। सब एकसाथ बाहर आने की कोशिश कर रहे थे। इस भयंकर शोर-शराबे के बीच स्वामी मणि के ही साथ चलता रहा। कारण यह था कि स्कूल में सभी मानते थे कि इस आखिरी दिन लड़के अपने दुश्मन साथियों को चाकू मार देते हैं। स्वामी का ख्याल था कि उसका कोई दुश्मन नहीं है, लेकिन क्या कहा जा सकता है! स्कूल अच्छी जगह नहीं थी।

मणि ने स्कूल के फाटक पर कुछ ज्यादा ही करतब दिखाना शुरू किया। जो भी सामने आता उससे कलम और दवात छीनकर ज़मीन पर फेंक देता। उसके चारों तरफ के लोग भी यही करने लगे। वे कलम-दवात और ऐसी ही दूसरी चीजें छीन-छीनकर फेंकते जाते और नाचते-गाते। दो-तीन छोटे लड़कों ने इसका विरोध करना चाहा तो मणि ने उनके कपड़े और टोपियाँ भी उतार लीं और उन्हें भी स्याही से रँग दिया। इस काम में उसका बहुत-से लड़के साथ दे रहे थे, जिनमें स्वामी सबसे आगे था। आज़ादी और खुशी के इस माहौल में उसने खुद अपने सिर पर अपनी स्याही की बोतल उंड़ेल ली थी और आँखों के इर्द-गिर्द स्याही से गोले बना लिये थे।

एक सिपाही सड़क से गुज़रा। मणि ने चिल्लाकर कहा, 'सिपाहीजी, इन सबको गिरफ्तार कर लो।' सैकड़ों लड़के यही नारा दोहराने लगे। कुछ और बोतलें ज़मीन पर तोड़ी गईं और कलम इधर-उधर फेंके गये। मणि ने चिल्लाकर कहा, 'मुझे कोई सिंगाराम की पगड़ी लाकर दो। मैं उसे इस रंग में रंगूँगा।'

सिंगाराम स्कूल के चपरासी का नाम था जो इस हुड़दंग में हिस्सा नहीं ले रहा था। अब अपना नाम सुनकर उसने डंडा उठाया और भीड़ में चलाकर सबको तितर-बितर कर दिया।

गाड़ी वाले का बेटा

स्वामीनाथन के दोस्त दो तरह के थे—एक सोमू, शंकर और मटर जैसे पढ़ने वाले, जो स्कूल का फाटक बंद होते ही अलग हो जाते, और दूसरे, यारबाशी के साथी, राजम और मणि। अब चूंकि स्कूल की छुट्टियाँ हो चुकी थीं और समय का बंधन भी खत्म हो चुका था, अब वे जो चाहे करने को स्वतंत्र थे, इसलिए सबने मिलकर एकसाथ मौज-मस्ती से छुट्टियाँ बिताने की योजना बनाई।

स्वामीनाथन का सबसे बड़ा शौक था, ऐसा पहिया हासिल करना जिसे वह जब और जैसे चाहे चला सके। अब रात-दिन वह यही सोचने लगा कि इसे कैसे प्राप्त किया जाए। काश, उसे किसी टूटी हुई साइकिल का बिना टायर का पहिया ही मिल जाता! उसे पैर से या छड़ी से ज़रा सा धक्का दो तो वह एकदम दौड़ने लगेगा। वह ऊबड़-खाबड़ ज़मीन पर बिना रुके आगे बढ़ता चला जायेगा और बात-की-बात में जिधर चाहो मुड़ भी जायेगा। दौड़ते वक्त उसमें से एक हलकी गूँज भी निकलेगी जो कानों को बहुत मधुर लगेगी। उसे चलाता हुआ स्वामी मालगुडी में जहाँ से भी गुज़रेगा, गूँज से ही लोग समझ लेंगे कि कौन आ रहा है।

कभी-कभी रात को साढ़े दस बजे तक स्वामी इस पहिये के ही बारे में सोचता रहता। उसे जो भी मिलता, पिताजी के दोस्तों से लेकर चुंगी के भंगी तक, उससे कहता कि कहीं से भी उसे साइकिल का एक पहिया लाकर दे दे। उसे जो भी नई या पुरानी साइकिल कहीं भी किसी के पास दिखाई देती, वह उसके पहियों को लालच से देखने लगता और सोचता कि कोई पहिया कब उसके हाथ में आयेगा।

एक रात उसने सपना देखा कि नल्लप्पा की झाड़ियों के किनारे पहिया लेकर वह सरयू को पार कर गया है। सपना बड़ा शानदार था : नदी की रेत पर लोहे का पहिया खर-खर की आवाज़ करता आगे बढ़ता जा रहा है। दूसरे किनारे पर पहुँचकर जैसे यह घोड़ा ही बन गया हो। फिर एक ही दौड़ में यह उसके घर पहुँच गया, और किचेन में होते हुए उसके बिस्तर तक आ गया, और स्वामी के साथ ही उस पर सो भी गया। फन्तासी होते हुए इस सपने का पहला भाग सचाई से जुड़ सकता था—लेकिन

सवेरे जागने पर उसने देखा कि पहिये के बिना ही वह बिस्तर पर अकेला लेटा है।

निराश होकर उसने एक गाड़ी वाले से बात की, जिसे वह ज्यादा नहीं जानता था। गाड़ी वाले ने बड़ी सहानुभूति से उसकी बात सुनी। उसने मान लिया कि पहिये के बिना ज़िन्दगी का कोई मतलब नहीं है। उसने कहा कि अगर स्वामी उसे पाँच रुपये लाकर दे दे तो कुछ ही घंटों में पहिया उसे मिल जायेगा लेकिन स्वामी के लिए यह रकम बहुत ज्यादा थी, जिसे वह तभी हासिल कर सकेगा जब वह अपने पिता की उम्र का और उतना ही लंबा भी हो जायेगा।

उसने गाड़ीवाले को यह बता भी दिया। इस पर गाड़ी वाले ने उसे बड़े विस्तार से समझाया कि इतनी रकम किस प्रकार प्राप्त की जा सकती है। शुरू करने के लिए उसे सिर्फ छह पैसे की ज़रूरत होगी, कुछ समय बाद इसके छह आने बन जायेंगे, और फिर धीरे-धीरे छह रुपये हो जायेंगे। इन छह रुपयों में से पाँच खर्च करके स्वामीनाथन पहिया ले सकेगा, और बाकी का एक रुपया मौज-मस्ती के लिए खर्च कर सकेगा। यह सुनते ही स्वामी ने घोषणा की कि पहिया मिल जाने से ही उसकी खुशी पूरी हो जायेगी और बचा हुआ एक रुपया भी वह गाड़ी वाले को दे देगा। स्वामी के मन में कुछ शंका तो हुई लेकिन गाड़ी वाले की ज़ोरदार बातचीत से ये भी दूर हो गईं।

छह पैसों से छह रुपये बनाने की गाड़ी वाले की योजना यह थी : उसके पास घर पर एक ऐसी धातु का बर्तन था जिसमें वह सारे खोटे सिक्कों को डालता रहता था, और फिर उसमें एक खास जड़ी रख देता था – जिसका नाम वह किसी को नहीं बतायेगा, मार डालने की धमकी देने पर भी नहीं। फिर यह बर्तन वह ज़मीन में गाड़ देता था और रात गहरी होने पर वहाँ बैठकर कुछ योग करता था, और फिर कुछ समय बाद ताँबे के सिक्के चाँदी में बदल जाते थे। वह चाहता तो सोना भी बना सकता था, लेकिन इसके लिए कुछ और जड़ी-बूटियों की ज़रूरत होती, जिन्हें प्राप्त करने के लिए उसे ऊँचे पहाड़ों पर ढाई सौ मील पैदल चढ़कर जाना पड़ता–और ज़रा से सोने के लिए इतनी ज्यादा मेहनत करना उसे ठीक नहीं लगता था।

स्वामीनाथन ने उससे पूछा कि ये छह पैसे हासिल करने के लिए उसे कुछ करना पड़ेगा, और अब वह उससे कब मिल सकेगा। गाड़ी वाले ने कहा कि अगर छह पैसे उसे तुरंत नहीं मिल जाते तो फिर उसे काफी दिन तक इन्तज़ार करना पड़ेगा क्योंकि उसका मालिक कहीं बाहर जा रहा है और उसे भी साथ ही जाना है। स्वामी यह सुनकर बहुत परेशान हो उठा और उसने छह घंटे की मोहलत माँगी– यह कहकर वह तेज़ी से घर की ओर दौड़ा।

सबसे पहले वह दादी के पास गया, लेकिन दादी ने आँखों में आँसू भरकर बताया कि उसके पास एक भी पैसा नहीं है। फिर उसने अपना लकड़ी का डिब्बा

भी खोलकर दिखा दिया जो एकदम खाली पड़ा था।

'लेकिन दादी, आपके तकिये के नीचे तो काफी पैसे होते हैं।'

'नहीं बेटा, तुम चाहो तो देख सकते हो।'

स्वामी ने दादी को नीचे उतारकर बिस्तर की ऊपर-नीचे हाथ डालकर तलाशी ली लेकिन कहीं एक पैसा भी नहीं मिला।

दादी ने पूछा, 'लेकिन तुम्हें पैसों की क्या जरूरत आ पड़ी है?'

'तुम्हारे पास पैसे हों तो मुझे दे दो, लेकिन फिजूल के सवाल मत पूछो', स्वामी ने जवाब दिया।

तब दादी ने माँ से कहा, 'तुम्हारे पास पैसे हों तो बेटे को दे दो', लेकिन उसने भी हाथ हिला दिये। पिताजी ने तो एक सेकिंड में बात खत्म कर दी, तो स्वामी यह सोचने लगा कि अपने मुवक्किलों से उन्हें जो पैसे मिलते हैं, उनका वे करते क्या हैं।

अब उसने एक आखिरी तरकीब का सहारा लिया। वह ठंडे फ़र्श पर मुँह के बल लेट गया और पिताजी की अलमारी के नीचे के खानों में हाथ डाल-डालकर पैसों की तलाश की। उसे लगता था कि इसके भीतरी हिस्सों में ज़रूर पैसे रखे जाते हैं। उसने सब खानों में ऊपर-नीचे तलाश किया लेकिन एक भी पैसा उसे कहीं नहीं मिला-सिर्फ एक तुड़ा-मुड़ा लिफ़ाफा, मकड़ी के जाले, एक मरा हुआ कॉक्रोच और जमी हुई धूल हासिल हुई।

कभी-कभी उसे लगता था कि वह जादू भी कर सकता है, हाँ, इसके लिए मेहनत ज़रूर काफी करनी पड़ेगी। फिर उसे एबेनज़र का यह कथन याद आया कि ईश्वर से प्रार्थना करने पर वह ज़रूर सहायता करता है।

उसने कहीं से कार्ड बोर्ड का एक डिब्बा जुटाया, उसमें दो पत्थर डाले, और फिर रेत और घास से भर दिया। इसे पूजा घर में ले जाकर एक कोने में रख दिया। इस छोटे से कमरे में देवी-देवताओं की तस्वीरें लगी थीं और लकड़ी की एक छोटी-सी वेदी पर ताँबे और पीतल की कुछ मूर्तियाँ सामने बैठे स्वामी को देख रही थीं। फूलों और कपूर और धूप की मिली-जुली गंध हवा में तैर रही थी।

स्वामीनाथन देवताओं के सामने हाथ जोड़कर खड़ा हो गया और उन्हें डिब्बे के बारे में जानकारी दी। उसने बताया कि डिब्बे में दो पत्थर हैं जिन्हें तीन पैसे के दो सिक्कों में बदल देना है, यह भी बताया कि इन पैसों की उसे क्यों ज़रूरत है। उसने यह भी प्रतिज्ञा की कि यदि देवता तुरंत यह काम कर देंगे तो वह अँगूठा दाँतों से कुतरना बंद कर देगा। आँखें बंद करके उसने प्रार्थना की 'हे श्री राम, आपने दस सिर वाले रावण का वध किया है, आप मुझे छह पैसे नहीं दे सकते? आप मुझे उस रहस्यमयी बूटी का नाम भी बता सकते हैं। मुझे पहिये की ज़बरदस्त चाह है। हे

राम, मुझे छह पैसे दीजिए और मैं साल भर के लिए अँगूठा कुतरना बंद कर दूँगा।'

प्रार्थना करके वह पीछे के मैदान में कुछ देर तक टहलता रहा और सोचता रहा कि लौटकर जब वह डिब्बा खोलेगा तो क्या उसमें पैसे आ जायेगें! उसने तय किया कि आधे घंटे तक वह प्रतीक्षा करेगा।

लेकिन दस मिनट में ही उसका धैर्य खत्म हो गया। वह पूजा घर में जा पहुँचा, देवता के सामने सिर झुकाया और कोने में रखे डिब्बे को धड़कता दिल लिये खोलने लगा। उसे ज़मीन पर पलट दिया और भीतर भरे रेत और घास में उंगलियाँ डालकर देखने लगा। दोनों पत्थर उसी तरह उसके हाथ में आ गिरे।

नीचे पड़े रेत और घास को देखकर उसे गुस्सा आने लगा। देवता ने उसके लिए इतना भी नहीं किया, यह सोचकर उसकी आँखों में आँसू भर आये। वह उन्हें बुरा-भला कहना भी चाहता था लेकिन ऐसा करने में उसे डर लगा। इसके बदले उसने डिब्बे पर अपना गुस्सा निकाला, उसे पैरों से ठोकरें मारीं और रेत तथा घास को जूते से कुचलता रहा। फिर वह रुक गया और सोचने लगा कि देवताओं को यह काम अच्छा नहीं लगेगा, वे इसकी सज़ा भी दे सकते हैं। पैसों के बिना उसका काम तो चल जायेगा लेकिन देवताओं का क्रोध उसे भारी पड़ सकता है। वह इम्तहान में फेल हो सकता है, उसके पिता, माँ, दादी और बच्चा मर सकते हैं। उसने डिब्बा ज़मीन से उठाया और उसमें पत्थर, रेत और घास पहले की तरह भरकर केले के एक पेड़ के नीचे श्रद्धापूर्वक गाड़ दिया।

दस मिनट बाद वह अबू लेन में मणि के घर के सामने खड़ा था। उसने दो-तीन सीटियाँ मारीं, लेकिन मणि बाहर नहीं आया। फिर वह सीढ़ियों पर चढ़ गया और दरवाज़ा खटखटाने लगा—भीतर लगी ज़ंजीर ने आवाज़ की तो उसे कुछ डर-सा लगा। अगर मणि के अलावा किसी और ने दरवाज़ा खोला तो उससे वह क्या कहेगा। दरवाज़ा खुला तो जो लंबा-सा, बड़ी-बड़ी भौहों वाला आदमी बाहर निकला, उसे देखकर उसका दिल डूबने लगा।

'कौन हो तुम?' उसने पूछा।

'आप कौन हैं? मणि कहाँ है?' स्वामी ने भी सवाल किया। उसका इरादा यह बताने का था कि वह मणि से मिलने आया है और आपको नहीं जानता— लेकिन डर और उलझन के कारण वह सहीं ढंग से सवाल नहीं कर सका।

'तुम मेरे ही घर में मुझसे पूछते हो कि मैं कौन हूँ?' झाड़ीनुमा भौंहों वाले आदमी ने झल्लाकर कहा। स्वामी सीढ़ियों से कूदकर भागने को हुआ, लेकिन आदमी ने हुक्म-सा दिया, 'छोटू, यहाँ आओ!'

आज्ञा को ठुकराना आसान नहीं था, इसलिए स्वामी सीढ़ियों पर फिर ऊपर चढ़ा और काँपते हुए उसके सामने जा खड़ा हुआ। आदमी ने कहा, 'तुम भागने क्यों लगे? मणि से मिलने आये हो तो उससे मिलते क्यों नहीं?' उसका यह तर्क गलत नहीं था।

'कोई बात नहीं', स्वामी ने जवाब में कहा।

'छोटू, भीतर जाओ और मिल लो।'

स्वामीनाथन धीरे से अंदर घुसा। मणि दरवाज़े के पीछे खड़ा था। घर में वह पालतू कुत्ते की तरह चुप और आज्ञाकारी जैसा व्यवहार कर रहा था– यहाँ उसका व्यक्तित्व कुछ और ही तरह का था। दोनों बिना एक शब्द बोले, एक-दूसरे को घूरते रहे। गहरी भौंहों वाला आदमी उनकी तरफ पीठ किए सड़क को देख रहा था। स्वामी ने इशारे से पूछा, ये कौन है? तो मणि ने धीरे से बताया, 'चाचा'।

चाचा अचानक पीछे मुड़े और बोले, 'एक-दूसरे को घूर क्यों रहे हो तुम लोग? यही करने आये हो? ज़बान खोलो और बातें करो।' यह सलाह देकर वे सड़क पर उतर गये और उन दो कुत्तों को भगाने लगे जो घर के सामने एक-दूसरे से गुत्थम-गुत्था हो रहे थे। अब वे इनकी बातें नहीं सुन सकते थे।

स्वामीनाथन ने कहा, 'तुम्हारे चाचा? मुझे तो पता ही नहीं था।... अच्छा, मणि, तुम मेरे साथ आ सकते हो?... नहीं?... मैं बड़े ज़रूरी काम से आया था। मुझे –एकदम –अभी छह पैसे चाहिए। गाड़ी वाला कई हफ्ते के लिए बाहर जा रहा है— फिर ऐसा मौका नहीं आएगा–पहिए के बिना मेरी ज़िंदगी बेकार है–'

यह कहकर वह रुका। मणि के चाचा कुत्तों के इर्द-गिर्द चक्कर लगाते उन्हें गालियाँ दे रहे थे और मारने के लिए पत्थरों की तलाश कर रहे थे। स्वामी कहता रहा; पहिये के बिना मैं क्या करूँगा। इस पर मेरी ज़िंदगी निर्भर है। जाओ, जल्दी से पैसे ले आओ।'

'मेरे पास पैसे नहीं हैं। कौन देता है मुझे पैसे...', मणि ने जवाब दिया।

स्वामी का दिल डूबने लगा। बोला, 'चाचा कहाँ पैसे रखते हैं तुम्हारे? उनके बक्स में देखो...'

'पता नहीं मुझे।'

चाचा ने सड़क से आवाज़ लगाई, 'मणि, यहाँ आओ और इन कुत्तों को भगाओ। मुझे एक पत्थर दो।'

दो हफ्ते बाद स्वामी राजम से कह रहा था; तुम मुझे एक सिपाही दे सकते हो?'

'सिपाही? लेकिन क्यों?'

'शहर में एक गुंडा है जिसने मुझ पर डाका डाला है।' यह कहकर उसने राजम को गाड़ी वाले की पूरी कहानी सुनाई। फिर कहा, 'अब जब भी वह मुझे देखता है तो ऐसे करता है जैसे मुझे जानता ही नहीं। मैं उसके घर जाता हूँ तो कहला देता है कि घर पर नहीं है, हालांकि भीतर गालियाँ बकते उसकी आवाज़ सुनाई देती रहती है। मैं ज्यादा पूछता हूँ तो कहता है कि मुझ पर कुत्ता छोड़ देगा और मुझे मरवा डालेगा।'

'उसके पास कुत्ता है?' राजम ने पूछा।

'दिखाई तो नहीं देता कोई।'

'फिर उसके घर में घुस क्यों नहीं जाते और पीट देते?'

'यह कहना तो आसान है लेकिन मैं उसे देखते ही काँपने लग जाता हूँ। पता नहीं इन गाड़ी वालों के घर में क्या होता है।... वह अपना घोड़ा मेरे ऊपर छोड़ दे सकता है।'

'छोड़ देने दो, वह तुम्हें खा तो नहीं जाएगा।' राजम ने कहा।

'अच्छा, मुझे पता नहीं था। यह जानकर मुझे अच्छा लग रहा है। तुम एक दिन मेरे साथ रंगा दर्जी के पास चलो और सुनो, वह घोड़ों के बारे में क्या कहता है। घोड़े अक्सर शेर-चीतों से भी ज्यादा खतरनाक साबित होते हैं;' स्वामीनाथन ने बड़े विश्वास से कहा।

'ऐसा करो कि किसी दिन फाटक पर ही इसे पकड़ लो,' राजम ने सुझाव दिया।

'मैंने यह भी किया है। लेकिन वह हमेशा गाड़ी पर ही बाहर निकलता है। मुझे सामने देखते ही वह अपना चाबुक निकाल लेता है। मैं उसकी पहुँच से दूर होकर उसे बुरा-भला भी कहता हूँ। लेकिन इसका कोई असर नहीं होता। घोड़ा जैसे उड़ता हुआ निकल जाता है।, उसने मुझसे दो आने ठग लिये हैं।'

'पहले तो तुम कहते थे छह पैसे...।'

'हाँ, लेकिन उसने दो बार और लिये छह-छह पैसे...'

'यह तो डेढ़ आने ही हुए,' राजम ने कहा।

'नहीं राजम, दो आने हुए।'

'देखो प्यारे, बारह पैसों का एक आना होता है, और तुमने तीन दफा छह-छह पैसे दिये, तो कुल मिलाकर अठारह पैसे हुए, यानी डेढ़ आने।'

'इस बहस से कोई फायदा नहीं। एक आने में कितने पैसे होते हैं, कौन परवाह करता है...' स्वामीनाथन ने सफाई देते हुए कहा।

'लेकिन रुपये-पैसों के मामलों में आदमी को बिलकुल सही होना चाहिए। ठीक है, अब आगे बोलो...'

'गाड़ी वाले ने पहले मुझसे छह पैसे लिये और वादा किया कि दो दिन में इसकी चाँदी बन जायेगी। चार दिन तक वह मुझे चकमा देता रहा और फिर छह पैसों की माँग की। कहा कि उसने बारह पैसों के लायक बूटी प्राप्त की है। इसके बाद फिर उसने वही चाल चली और छह पैसे और माँगे–कहा कि इतने पैसों के बिना जादू असर नहीं करेगा। इसके बाद मैं जब भी उसके पास जाता हूँ, वह कुछ-न-कुछ बहाना बनाकर टाल देता है; कभी कहता है कि मौसम खराब होने के कारण बूटी धीरे-धीरे काम कर रही है। अब दो दिन से वह कहता है कि मुझे जानता ही नहीं, न उसने मुझसे पैसे लिये हैं। तुम्हें पता है, कैसा व्यवहार करता है वह ... और पैसे की बात छोड़ भी दी जाय, तो उसका काला-कलूटा लड़का मुझे बिलकुल पसंद नहीं है। वह मुझे देखते ही मुँह बनाने लगता है और कहता है कि गंदे पानी की बालटी मुझ पर उलट देगा। एक दिन तो उसने चाकू भी निकाल लिया। मैं उसे इतना मारना चाहता हूँ कि उसका बाप मेरे पैसे वापस कर दे।'

दूसरे दिन स्वामीनाथन और मणि गाड़ी वाले के घर की ओर चले। अब स्वामी को पछतावा हो रहा था कि उसने अपने दोस्तों के सामने यह चर्चा क्यों चलाई। मामला अब काबू से बाहर होता जा रहा था और राजम और मणि दोनों इस मामले में जितना भीतर जा रहे थे, उससे लगता था कि नतीज़ा काफी बुरा हो सकता है। कोई नहीं सोच पाता था कि इसका अंत क्या होगा।

राजम ने योजना बनाई कि लड़के को अगवा किया जाये। मणि इसका नेतृत्व करेगा। वह लड़के से दोस्ती करेगा, और शुरू की इस कार्यवाही में स्वामी कोई हिस्सा नहीं लेगा। मणि को गाड़ी वाले का घर दिखाने के बाद उसका काम खत्म हो जायेगा।

गाड़ी वाला स्वामीनाथन के घर से एक मील दूर, कीलांचेरी के पश्चिम में, रहता था। यहाँ एक दर्जन के करीब घास-फूस से बने बदबू और धुएं से भरे छोटे-बड़े झोपड़े थे जो एक-दूसरे के ऊपर गिरते-पड़ते नज़र आते थे।

वे इन झोपड़ों के काफी पास तक पहुँच गये। स्वामी अब सोचने लगा था कि इस किस्से को यहीं पर खत्म कर दिया जाय, और आगे बढ़ने न दिया जाय। इसकी कोशिश करते हुए उसने कहा, 'मणि, मेरा ख्याल है, गाड़ी वाले के लड़के ने पैसे वापस कर दिये हैं।'

'क्या?'

'मेरा ख्याल है...'

'यह ख्याल है तो दिखाओ मुझे पैसे...'

अब स्वामी विनती-सी करने लगा, 'मणि, उसे छोड़ दो अब। तुम नहीं जानते

कि उसे परेशान करने का क्या नतीजा हो सकता है...'

'चुप हो जाओ, नहीं तो मैं तुम्हारी गर्दन मरोड़ दूँगा।'

'मणि... सोचो तो... पुलिस– या खुद लड़का– वह बड़ा डरावना है– कुछ भी कर सकता है।' स्वामी सचमुच लड़के से काफी डरता था। अक्सर रात को सपने में उसे एक काला, भयंकर चेहरा दिखाई देता– यह गाड़ी वाले के लड़के का ही चेहरा होता था।

'वह तीसरे घर में रहता है।' स्वामी ने इशारा करके बताया।

आखिरी वक्त में मणि ने अपनी योजना बदल दी और स्वामी को गाड़ी वाले के घर तक पीछे-पीछे चलते रहने को कहा। स्वामीनाथन ने इसका विरोध किया और सड़क पर ही बैठ गया। लेकिन मणि भी जिद्दी था और उसे घसीटते हुए गाड़ी वाले के घर तक ले गया, फिर उस पर चिल्लाना शुरू किया।

'मणि, तुम्हें हुआ क्या है?'

'गधे की औलाद,' मणि स्वामीनाथन पर चीखा और मारने के लिए हाथ उठाया।

स्वामीनाथन रोने लगा। मणि उसका गला दबाये जा रहा था। चारों तरफ पड़ोस के काले-कलूटे बच्चों, गंदी-शंदी औरतों और राह-चलतों की भीड़ जमा होने लगी। मुर्गियाँ शोर मचाती इधर-उधर दौड़ने लगीं। सिर पर सूरज चमक रहा था, उसकी तेज़ धूप सबको परेशान कर रही थी। पेड़ के नीचे छाया में लेटे दो कुत्ते खर्राटे भर रहे थे। तेज़ दुर्गंध से वातावरण भर उठा था।

तभी उस गंदी-सी झोपड़ी से, जिसे स्वामी ने गाड़ी वाले का घर बताया था, करीब तीन फीट का एक छोटा-सा आदमी, गंदे-फटे कपड़े पहने बाहर निकला। वह भीड़ में रास्ता बनाते हए भीतर घुस गया और एक जगह बैठकर, अपना अँगूठा चूसते हुए, आराम से यह तमाशा देखने लगा। मणि ने स्वामीनाथन की तरफ इशारा करके भीड़ को संबोधित करना शुरू किया : यह लड़का, जिसे मैं जानता तक नहीं, अचानक मुझसे दो आने माँग रहा है। मैंने इसे देखा तक नहीं है। यह कहता है कि मैंने इससे ये पैसे उधार लिये हैं।'

मणि पंद्रह मिनट तक इसी रौ में बोलता रहा। कुछ देर बाद गाड़ी वाले के बेटे ने मुँह से अँगूठा निकाला और कहा; 'इसे जेल भेज देना चाहिए।' यह सुनकर मणि मुस्कराया और उससे पूछने लगा,

'तुम इसे पुलिस स्टेशन ले जाने में मेरी मदद करोगे?'

'नहीं;' उसने एकदम जवाब दिया क्योंकि वह भी पुलिस से बहुत डरता था।

मणि ने पूछा; 'तुम कैसे जानते हो कि इसे पुलिस स्टेशन ले जाना चाहिए?'

'मैं जानता हूँ।'

'क्या इसने तुम्हें भी इसी तरह कभी परेशान किया है?' मणि ने पूछा।

'नहीं,' लड़के ने जवाब दिया।

अब स्वामीनाथन ने आँसुओं से भीगा चेहरा लिये, पलटकर उससे पूछा, 'तुम्हारे बाप ने मुझसे जो दो आने लिये, वे कहाँ हैं?'

अब तक भीड़ छँट चुकी थी, कुछ लोगों ने शांत करने की कोशिश की थी।

अचानक मणि ने एक रंगीन फिरकनी हाथ में लेकर लड़के से पूछा, 'यह फिरकनी लोगे?'

लड़के ने उसे लेने के लिए हाथ आगे बढ़ा दिया।

मणि बोला, 'यह तो मैं तुम्हें नहीं दूँगा। तुम मेरे साथ चलोगे तो इससे भी अच्छी फिरकनी तुम्हें दूँगा। आओ, हम दोस्त बन जायें।'

लड़के को इस पर कोई एतराज नहीं था।

वह बोला, 'इसे मुझे देखने भी नहीं दोगे?'

मणि ने फिरकनी उसे दे दी। लड़के ने दो-तीन दफा उस पर हाथ फिराया, फिर क्षण भर में उसे लेकर गायब हो गया।

क्या हुआ, यह समझने में मणि को कुछ समय लगा। जब समझ पाया तो देखा कि लड़का उसे लेकर काफी दूर बनी एक झोपड़ी में घुस रहा है। वह उसके पीछे चला।

मणि जब वहाँ पहुँचा तो दरवाज़ा भीतर से बंद था। मणि के बार-बार खटखटाने पर एक आदमी बाहर निकला और यह कहकर कि लड़का यहाँ नहीं है, फिर भीतर घुस गया और दरवाज़ा बंद कर लिया।

मणि ने फिर खटखटाना शुरू किया। अब इधर-उधर से कई आदमी आये और कहने लगे कि उनके ही मुहल्ले में कोई इस तरह उन्हें परेशान करेगा, तो वे उसे ज़मीन में जिंदा गाड़ देंगे। स्वामीनाथन मणि से वापस लौट चलने के लिए कह रहा था। लेकिन उस पर कोई असर नहीं हो रहा था। वह खटखटाता ही चला जा रहा था।

पड़ोसी चारों तरफ पत्थर उठाकर खड़े हो गये और आराम से सोते कुत्तों को भी जगाकर खड़ा कर दिया।

जब ये कुत्ते भौंकते हुए, मणि की तरफ दौड़े, तब वह ज़ोर से चिल्लाया, 'भागो,' और स्वामी को साथ लेकर तेज़ी से भाग निकला।

दो-तीन पत्थर स्वामी की पीठ पर लगे, और एक-दो मणि को भी लगे। एक तेज़ पत्थर ने मणि की दायीं एड़ी छील दी थी। अब उन्हें सामने फैली सड़क पर भागने के अलावा कुछ और नहीं सूझ रहा था।

पिताजी के साथ

गर्मी के मौसम में मालगुड़ी दक्षिण भारत के सबसे भयंकर कस्बों में से एक हो जाता था। कई दफ़ा साया के नीचे भी तापमान 110 डिगरी के ऊपर पहुँच जाता था और दोपहर बारह और तीन बजे के बीच हर दिन सड़कों पर धूल छा जाती और वे वीरान हो जाती थीं। जानवरों में सबसे ज्यादा चलने-फिरने वाले गदहे और कुत्ते भी सड़कों के एक किनारे हो लेते जहाँ ऊँचे मकानों और पेड़ों की पतली लकीर-सी छाया गिर रही होती, और भभकता हुआ सूरज पश्चिम की तरफ जा रहा होता।

लेकिन गर्मी की एक खास बात और भी है :

यह उन्हीं पर असर दिखाती है जो इसके बारे में सोचते हैं। स्वामीनाथन, मणि और राजम को आश्चर्य होता यदि कोई उनसे यह कहता कि मालगुड़ी की गर्मी बरदाश्त के बाहर है। उन्हें तो दोपहर और उसके बाद का समय दिन का सबसे मज़ेदार हिस्सा लगता था। वही सूरज, जो मिल मैनेजर मिस्टर हेन्टेल को कोदईकनाल पहुँचा देता; जो एक्ज़ीक्यूटिव इंजीनियर मिस्टर कृष्णन की पगड़ी को तपन से भर देता और उन्हें यह शिकायत करने को मजबूर कर देता कि उन्हीं का काम दुनिया का सबसे मुश्किल काम है जो उन्हें तेज़ धूप और आँधी-पानी में जहाँ-तहाँ आने-जाने को विवश करता है। वही सूरज स्वामीनाथन के घुँघराले, मणि के कपड़े जमे हुए और राजम के बहुत छोटे कटे हुए बालों वाले सिरों पर भी बरसता लेकिन उन्हें ज़रा भी परेशान नहीं करता था।

वही सूरज जो धरती को इतना ज्यादा भूनकर रख देता कि यूरोप वालों में सबसे अधिक 'भारतीय' मिस्टर शेट्टी को, जिनकी कस्बे से बाहर खाली पड़े बँगले में चावल की मिल चलती थी—जो, यहाँ यह बता दें, इलाके के रहस्यमय व्यक्ति के रूप में जाने जाते थे, क्योंकि कोई नहीं जानता था कि वे कौन हैं और कहाँ से आये है; वे अपने नौकर और ग्राहकों से बहुत साफ तमिल में सब तरह की बातें करते थे और हमेशा सादा कमीज़, निकर और चप्पलें पहने सब जगह घूमते-फिरते थे—एक दिन गलती से दो-तीन कदम नंगे पैर चलते ही गर्मी से चीख पड़े; वही सूरज इन

तीनों दोस्तों को कभी एक छत के नीचे रहते नहीं देख पाता था।

तीनों दोस्त उस दिन म्युनिसिपल सीमा से आधा मील दूर ट्रंक रोड पर एक छोटी-सी पुलिया पर बैठे थे। पुलिया के नीचे बिछी थोड़ी सी रेत पर पानी की एक धारा बहती थी जो कुछ दूर आगे जाकर सरयू नदी से मिल जाती थी। यहाँ कोई पेड़ नहीं था और सूरज की तपन सीधे उन पर गिरती थी। सड़क के दोनों ओर धान के खेत थे, जो धूप में जलकर खुश्क ठूंठों में बदल गये थे, जो दूर-दूर तक एकसार फैले थे, और जिनके बीच कहीं-कहीं आम और नारियल के झुरमुट दिखाई दे जाते थे। बड़ी ट्रंक रोड एकदम सूनी पड़ी थी, बस कभी-कभी एकाध बैलगाड़ी धीरे-धीरे आगे बढ़ती दिखाई दे जाती थी।

राजम ने मणि से कहा, 'मेरा ख्याल है, तुम उतना ही करते जितना मैंने करने को कहा था, इससे ज्यादा कुछ करने की जरूरत नहीं थी।'

स्वामीनाथन ने शिकायत के लहज़े में कहा, 'हाँ, राजम, मैंने इसे गाड़ी वाले का बेटा दिखा दिया था, और जैसी योजना बनी थी, वापस लौटने ही वाला था, कि अचानक पलट कर यह मुझे ही जान से मार डालने में जुट गया...।' यह कहकर उसने मणि को गुस्से से देखा।

मणि बहुत उदास था। बोला, 'मुझे पता है कि मैं बेवकूफ हूँ। मैंने सोचा कि उस वक्त मेरे दिमाग़ में जो प्लान आया, उससे काम बन जायेगा। अगर मैं फिरकनी को कसकर पकड़े होता तो मैं लड़के को काबू में कर लेता, और अब तक वह कहीं कमरे में बंद चीख रहा होता।' उसकी आवाज़ में अफसोस था।

स्वामीनाथन ने अपनी गर्दन सहलाते हुए कहा, 'अभी भी दर्द होता है।' कीलाचेरी की उस घटना के बाद मणि को स्वामीनाथन को यह समझाने में तीन घंटे लगे थे कि उस पर किया गया हमला असली नहीं था।

राजम ने कहा, 'फिर भी तुम्हें इतनी सख्ती नहीं बरतनी चाहिए थी।'

'दोस्तो', मणि ने हाथ जोड़कर कहा, 'अगर तुम मुझे इसकी सज़ा देना चाहो तो मैं दस मिनट सिर के बल खड़ा होने को तैयार हूँ। मैं तो लड़के को यह दिखाने के लिए स्वामी के सिर को ज़रा सा खरोचने लगा था, कि मैं उसका दुश्मन हूँ।'

तभी दूर से घंटियों की टुन-टुन सुनाई दी। चटाइयों से ढकी एक गाड़ी, जिसे एक सफेद बैल खींच रहा था, सड़क पर चली आ रही थी। जब वह पुलिया के काफी पास आ गई, तीनों उठें, आगे बढ़े और एकसाथ खड़े होकर बोले, 'रोको गाड़ी को।'

एक छोटा-सा गाँव का लड़का गाड़ी चला रहा था।

राजम ने फिर चिल्लाकर कहा, 'गाड़ी को क्यों नहीं रोकते, बेवकूफ लड़के!'

स्वामीनाथन बोला, 'अगर यह रोकेगा नहीं तो हम इसे गिरफ्तार कर लेंगे और

गाड़ी भी जब्त कर लेंगे।'

अब लड़के ने कहा, 'तुम मुझे रोक क्यों रहे हो?'

'चुप रहो', मणि ने हुक्म दिया, और बड़ी गंभीरता से गाड़ी के इर्द-गिर्द घूमकर उसके पहिये देखने लगा, फिर नीचे झुककर उसने उसके नीचे नज़र डाली। बोला, 'गाड़ी वाले, नीचे उतरो।'

गाड़ीवान ने विनती की, 'लड़को, लेकिन मुझे जाना है।'

'तुम 'लड़के' किसे कह रहे हो! जानते नहीं, हम कौन हैं?'

स्वामीनाथन ने इसमें जोड़ा, 'हम सरकारी पुलिस वाले हैं और तुम जैसे चोरों को पकड़ना हमारा काम है।'

राजम ने धमकी दी, 'एक शब्द भी बोले तो मैं तुम्हें गोली मार दूँगा।' लड़के को इन पर संदेह तो हुआ लेकिन उसे यह भी लगा कि कहीं इनकी बात सच ही न हो।

मणि ने पहिये को ठोककर देखा और बोला, 'यह पुलिया कमज़ोर है। पास दिखाओ तभी हम तुम्हें इस पर से जाने देंगे।'

लड़का कहने लगा; मेहरबानी करके मुझे जाने दीजिए, जल्दी पहुँचना है।'

'चुप रहो।' राजम ने हुक्म दिया।

अब स्वामीनाथन ने जानवर की जाँच की और कहा, 'यहाँ आओ।'

लड़का उतरने से कतरा रहा था। मणि ने उसे हाथ पकड़कर खींचा और स्वामीनाथन के सामने ला खड़ा किया।

स्वामीनाथन ने उसे घूरकर देखा और बैल का पेट दिखाते हुए पूछा, 'गधे, तुमने जानवर को साफ क्यों नहीं किया है?'

लड़के ने डरते-डरते जवाब दिया, 'लेकिन मैंने तो उसकी सफ़ाई की है।'

'तो फिर यह इस जगह काला क्यों है?' स्वामीनाथन ने बैल के पेट पर एक निशान दिखाते हुए पूछा।

'अरे, यह निशान? यह तो इसके पैदा होने से ही यहाँ पर है; साहब।'

'जनम से है! तुम मुझे पढ़ाने की कोशिश कर रहे हो,' स्वामीनाथन चिल्लाया और पैर उठाकर उसे मारने को आगे बढ़ा।

लेकिन उसके साथी अब शांत होने लगे थे।

'चलो, बदमाश को पास बना दो और छुट्टी करो।' राजम ने दया दिखाते हुए कहा।

स्वामीनाथन ने एक पेंसिल का टुकड़ा निकाला और जेब से एक तुड़ी-मुड़ी नोट बुक निकाली, जिसे वह नियमित रूप से अपने साथ रखता था। इसमें वह हर तरह

की बातें नोट करता रहता था, कि कितनी साइकिलें उसकी बग़ल से गुज़रीं, कितने लोग नंगे पैर चल रहे थे, कितने लोग जूते या चप्पल पहने थे, वगैरह...

उसने कागज़ पर पेंसिल चलानी शुरू की।

मणि ने बैल की रस्सी पकड़ी और उसे दूसरी तरफ घुमाया। ड्राइवर ने इसका विरोध किया। लेकिन मणि ने कहा, 'फिक्र मत करो। इसे यहीं खड़ा होना है। सीमा यही है।'

'लेकिन मुझे तो इस तरफ जाना है साहब।'

'तुम घूमकर उधर से जा सकते हो।'

राजम ने पूछा, 'नाम क्या है तुम्हारा?'

'करुप्पन।' लड़के ने जवाब दिया।

स्वामीनाथन ने नाम लिख लिया।

'उम्र?'

'उम्र पता नहीं मुझे।'

'उम्र ही पता नहीं? स्वामी, सौ साल लिख दो।' राजम बोला।

'अरे साहब, सौ साल कैसे...।'

'चुप रहो और काम की बात करो। तुम्हारी उम्र सौ साल है, मना करोगे तो जान से मार दूँगा। अच्छा, बैल का नाम बताओ।'

'पता नहीं, साहब।'

'स्वामी, इसका नाम भी करुप्पन लिख लो।'

'साहब, यह तो मेरा नाम है, बैल का नहीं।'

उन्होंने यह बात नहीं सुनी और बैल का नाम भी 'करुप्पन' लिख लिया।

'जा कहाँ रहे हो?'

'सेथुर।'

स्वामीनाथन ने यह भी लिख लिया।

'वहाँ कितने दिन रहोगे?'

'वहीं मेरा घर है, साहब।'

'अच्छा, यह बात है। यहाँ क्यों आये थे?'

'हमारे मुखिया ने रेलवे शेड के लिए नारियल के दस थैले भेजे थे।'

स्वामीनाथन ने नोट बुक में हर बात पूरी नोट कर ली। फिर तीनों ने कागज़ पर दस्तखत किये, उसे फाड़ा और लड़के को दे दिया, फिर कहा, 'अब जा सकते हो।'

मई के दूसरे हफ्ते में पिताजी की कचहरी की छुट्टियाँ हो गईं और वे शाम घर पर ही

बिताने लगे। स्वामीनाथन को यह अच्छा नहीं लगा। उसे डर हुआ कि अब वह मणि और राजम के साथ मटरगश्ती में अपना वक्त बिता नहीं सकेगा। यही हुआ भी। छुट्टियाँ शुरू होने के तीसरे ही दिन, स्वामीनाथन जैसे ही घर से बाहर निकल रहा था, पिताजी ने उसे रोका और कहा, 'यहां आओ, स्वामी!'

पिताजी घर के छोटे से आंगन में बिलकुल घरेलू ढंग की पोशाक, सादा धोती और बनियान पहने खड़े थे, जो स्वामीनाथन को इसलिए बिलकुल पसंद नहीं थी क्योंकि इससे साफ जाहिर होता था कि अब उनका कहीं बाहर जाने का इरादा नहीं है।

'कहाँ जा रहे हो तुम?'

'कहीं नहीं।'

'कल इस वक्त तुम कहाँ थे?'

'यहीं था।'

'झूठ बोल रहे हो। कल तुम यहाँ नहीं थे। इस वक्त तुम कहीं नहीं जाओगे।'

तभी माँ भी कहीं से प्रकट हो गईं और बोलीं, 'हाँ, ठीक है, इतनी तेज़ धूप में बाहर जाने का कोई मतलब नहीं है। यह इसी तरह घूमता रहा तो चक्कर आकर बीमार पड़ जायेगा।'

माँ के इस समर्थन के बिना भी पिताजी हमला जारी रख सकते थे, पर अब उन्होंने कुछ कर दिखाने की ठानी। उन्होंने स्वामी से अपने 'कमरे' में चलने को कहा, जो उनके ही ड्रेसिंग रूम का हिस्सा था।

'कितने दिन से तुमने अपनी किताबों को हाथ नहीं लगाया है?' उन्होंने स्वामी की धूल से जमी किताबों के ऊपर फूँक मारते हुए पूछा, और मेज़ के कोने में एक मेहनती मकड़ी उन किताबों तक जो एक बड़ा-सा जाला बुनने में लगी थी, उसे साफ करने आगे बढ़े।

स्वामी को लगा कि यह सवाल उनकी वादाखिलाफी का सबूत है।

'क्या स्कूल की छुट्टियों में भी मुझे पढ़ाई करनी है?'

'तुम्हारा ख्याल है कि तुम बी०ए० पास कर चुके हो?' पिताजी ने सवाल किया।

'मेरा मतलब यह है कि जब स्कूल बंद हो चुका है, कोई इम्तहान नहीं होने हैं, तब भी मैं किताबों में लगा रहूँ?'

'वाह, क्या सवाल किया है! पढ़ना नहीं है।'

'लेकिन आपने तो कहा था कि जब इम्तहान खत्म हो जायें तब मुझे पढ़ना नहीं है। इन दिनों तो राजम भी नहीं पढ़ता' यह वाक्य पूरा करते ही उसे याद आया कि

राजम भी बड़ी तुरशी से शिकायत कर रहा था छुट्टियों में भी एक ट्यूटर हफ्ते में तीन दिन आकर दो घंटे रोज़ उसे परेशान करता है। उसने सोचा कि उसने पिताजी से जो कहा, वही सच होता तो कितना अच्छा होता!

पिताजी ने स्वामीनाथन के जवाब को सुना ही नहीं। वे उसके सिर पर सवार होकर उससे मेज़ और धूल से भरी किताबें साफ़ करवाने लगे। स्वामी भी ज़ोर-शोर से जिल्दों पर चढ़ी धूल को फूँक-फूँककर साफ करने में जुट गया। उसने मकड़ी को बड़ी सावधानी से पकड़ा और बाहर फेंकने के लिए खिड़की तक ले गया। उसे बाहर हवा में लटकाया और कुछ देर तक ध्यान से उसे देखता रहा। वह अपने एक बुने धागे को पकड़े थी जो सूरज की रोशनी में तेज़ चमक बिखेर रहा था।

'इधर देखो, मकड़ी बाहर फेंकने में तुम सारा दिन लगा दोगे?' पिताजी ने सवाल किया। स्वामीनाथन को अचानक ख्याल आया कि मकड़ी को बाहर फेंकने के बजाय अपने ही पास रख ले और पालतू बना ले–इसे फेंक देना ग़लत काम होगा। उसने मकड़ो को जेब में डाल लिया और हाथ खिड़की से बाहर निकाल कर उसे फेंकने का नाटक करके अपनी मेज़ के पास लौट आया।

'देखो ज़रा, तुम ने अपनी अंग्रेज़ी की किताब किस तरह रखी है! शरम नहीं आती तुम्हें? यह सुनते ही स्वामीनाथन ने लाल जिल्द वाली 'फोर्थ रीडर' उठाई, उसे खोला, दोनों तरफ की जिल्द झटके से साफ़ की, फिर उस पर लगे तेल के धब्बों को हाथ से रगड़-रगड़ छुटाने लगा।

'कोई कपड़ा लेकर आओ। किसी चीज़ को साफ करने का यह ढंग नहीं है। जाओ, कहीं से कपड़े का टुकड़ा लेकर आओ,' पिताजी ने आधी शांति और आधा अधैर्य दिखाते हुए कहा।

स्वामीनाथन ने इधर-उधर देखा, फिर बोला, 'पिताजी, यहाँ तो कोई कपड़ा दिखाई नहीं देता।'

'भीतर जाकर देखो।'

यह सुझाव उसे अच्छा लगा। वह बाहर आया और सबसे पहले दादी के पास पहुँचा।

'दादी, मुझे कपड़े का टुकड़ा चाहिए। जल्दी से दो।'

'मैं कहाँ से लाऊँ कपड़े का टुकड़ा?'

'अब मैं कपड़ा ढूँढ़ने कहाँ जाऊँ?' वह धीरे से बोला, फिर जैसे शिकायत की, 'अगर छुट्टियों में भी पढ़ाई करनी पड़े तो छुट्टियां देने की ज़रूरत ही क्या है?'

'क्या बात है, बेटा?'

यह सहानुभूति बटोरने का अच्छा मौका था। उसने रोनी आवाज़ में कहा, 'पता

नहीं राजम और मणि क्या सोचेंगे, वे वहाँ मेरा इन्तज़ार कर रहे होंगे, और मैं यहाँ फिजूल के काम में लगा हूँ। दादी, पिताजी को करने के लिए कोई काम नहीं मिलता, तो वे जाकर सो क्यों नहीं जाते?'

पिताजी ने कमरे से आवाज़ लगाई, 'मिला कपड़ा?'

स्वामीनाथन ने जवाब दिया, 'दादी के पास कोई कपड़ा नहीं हैं। मैं माँ के पास देखता हूँ।'

माँ पीछे दालान में चटाई पर बैठी थी, बच्चा गोद में सो रहा था। स्वामीनाथन ने उसे घूर कर देखा। कुछ मिनट पहले पिताजी को दी गई उसकी सलाह अभी तक उसके मन में चुभ रही थी। उसने धीरे से फब्ती कसी, 'आप बहुत ग्रेट हैं। हम गरीबों को अपने हाल पर क्यों नहीं छोड़ देतीं?'

'क्या कहा?' माँ की समझ में उसकी बात नहीं आई, वह तो भूल भी गई थी कि अभी कुछ मिनट पहले उसने स्वामी के बारे में पति से क्या कहा था।

'आपको मेरे बारे में कहानियाँ नहीं बनानी चाहिए। पता नहीं, मैंने आपका क्या बिगाड़ा है।' उसे इस विषय में और भी कुछ कहना अच्छा लगता; लेकिन पिताजी बेसब्री से कपड़े का इन्तज़ार कर रहे थे।

इसलिए उसने फौरन ज़रूरत की बात की, 'मुझे कपड़े का टुकड़ा चाहिए।'

'कपड़ा, कैसा कपड़ा? मुझे क्या पता कैसा! मुझे अपनी किताबें ठीक-ठाक करनी हैं।... छुट्टियाँ बिताने का अच्छा ढंग है।'

'इस वक्त मेरे पास कपड़ा नहीं है।'

'ठीक है। आप कपड़ा नहीं दे सकतीं?' यह कहकर वह इधर-उधर देखने लगा। बच्चे के नीचे एक कपड़ा लगा था। क्षण-भर में वह नीचे झुका, बच्चे को लुढ़काया और उसके नीचे से कपड़ा निकालकर चलता बना। वह अपनी सब परेशानियों के लिए माँ को ही ज़िम्मेदार मानता था, इसलिए बच्चे को परेशान करके उसका कपड़ा निकाल ले जाने से उसे बहुत चैन मिला।

अब बड़े संतोष के साथ मेज़ को तिरछा किया और उस पर रखी सभी चीज़ें एकसाथ ज़मीन पर गिरा लीं। फिर उनको एक-एक करके उठाकर कपड़े से साफ करके मेज़ पर जमाने लगा।

पिताजी उसे ध्यान से देख रहे थे। 'इस तरह तुम अपनी चीज़ें लगाते हो? तुमने छोटी-छोटी चीज़ें तो नीचे रख दी हैं और बड़ी वाली उनके ऊपर रख रहे हो। इन कापियों को निकाल लो और एटलस सबसे नीचे रखो।'

माँ बच्चे को गोद में लिये भीतर आई और पिताजी से शिकायत करने लगी, 'देखो ज़रा इस लड़के को, बेबी का कपड़ा निकाल लाया है, इस घर में इस पर काबू

रखने वाला कोई नहीं है? पता नहीं, कब तक इसके स्कूल की छुट्टी रहेगी!'

स्वामीनाथन ध्यान से अपना काम करता रहा। पिताजी ने माँ की शिकायत पर ध्यान नहीं दिया, सिर्फ सोये हुए बेबी के गाल पर हलकी-सी चुटकी काटी, जिससे बिगड़कर माँ कमरे से बाहर चली गई।

आधे घंटे बाद स्वामीनाथन पिताजी के कमरे में, हाथ में स्लेट और पेंसिल लिये बैठा था। उन्होंने गणित की किताब खोली और बोलना शुरू किया: 'राम के पास दस आम हैं और इन्हें बेच कर वह पंद्रह आने कमाना चाहता है। कृष्ण को चार आम चाहिए। उसे इनके लिए कितने पैसे देने पड़ेंगे?'

स्वामी ने सवाल लिखा और ध्यान से उसे देखने लगा। जितनी दफा वह उसे पढ़ता, उसे उसमें एक नया अर्थ दिखाई देता। उसे लगने लगा कि वह बड़ी ज़बरदस्त उलझन में फँस गया है।

पहले तो आम का नाम सुनते ही उसके मुँह में पानी भर आया। फिर उसने सोचा कि राम ने दस आमों का दाम पंद्रह आने ही क्यों तय किया? राम खुद कैसा आदमी होगा? ज़रूर यह शंकर की तरह होगा जो दस आमों के दाम पंद्रह आने ही लगाने का पक्का निश्चय कर चुका है। अगर राम शंकर की तरह का आदमी है, तो कृष्ण मटर की तरह होना चाहिए। यह सोचकर उसे कृष्ण पर दया आने लगी।

पिताजी ने अखबार के ऊपर सिर उठाते हुए पूछा, 'सवाल कर लिया?'

'पिताजी, मुझे यह बताइये कि आम पके हुए हैं या नहीं?'

पिताजी ने उस पर एक हलकी-सी नज़र डाली और मुस्कराते हुए कहा, 'पहले सवाल हल करो। इसके बाद मैं बताऊँगा कि आम पके हुए हैं या नहीं।'

यह सुनकर स्वामीनाथन निराश हो गया। पिताजी अगर इसी वक्त यह बता देते कि राम पके हुए आम बेचने की कोशिश कर रहा है या कच्चे, तो कितना अच्छा होता। अब बाद में बताने से क्या फायदा होगा? वह बड़ी शिद्दत से यह महसूस कर रहा था कि सारी समस्या का हल इस बात में ही है। बिना पके आमों के दाम पंद्रह आने लगाना तो बड़ी बेईमानी होगी। और अगर राम यह करने में कामयाब हो जाये तो यह उसके स्वभाव के अनुरूप ही होगा, उसके लिए स्वामीनाथन के मन में बड़ी तेज़ी से नफरत बढ़ती चली जा रही थी।

'पिताजी, मैं यह सवाल हल नहीं कर सकता', यह कहते हुए उसने स्लेट खिसका दी।

'अरे, तुम्हें क्या हो गया है? तुम साधारण अनुपात का मामूली-सा सवाल हल नहीं कर सकते?'

'यह चीज़ स्कूल में नहीं पढ़ाई जाती।'

'स्लेट इधर लाओ। मैं तुम्हें अभी ऐसे सवाल करना सिखाता हूँ।'

यह जादू देखने का स्वामीनाथन इन्तज़ार करने लगा। पिताजी ने सवाल को ध्यान से देखा और पूछा, 'दस आमों की कीमत क्या है?'

स्वामीनाथन ने सवाल पर यह जानने के लिए नज़र डाली कि आमों की कीमत उसमें कहाँ लिखी हुई है। फिर बोला, 'मुझे नहीं मालूम।'

'तुम बहुत बड़े मूर्ख हो। सवाल को पढ़ो। राम दस आमों की क्या कीमत चाहता है?'

स्वामीनाथन ने सोचा–पंद्रह आने ही तो चाहता है, लेकिन यह उनकी कीमत कैसे हो सकती है? राम तो लालच में पड़कर इतनी कीमत चाहता है। क्या यह उनकी सही कीमत है? फिर महत्त्वपूर्ण बात यह भी है कि आम पके हुए हैं या नहीं? अगर पके हुए हैं तो पंद्रह आने सही कीमत मानी जा सकती है। अगर उसे इस बारे में पूरी जानकारी होती...

'राम आमों के लिए कितने पैसे चाहता है?'

'पंद्रह आने', स्वामीनाथन ने उत्तर दिया, यद्यपि उसे यह सही नहीं लगा।

'बिलकुल ठीक। अब यह बताओ कि कृष्ण को कितने आमों की ज़रूरत है?'

'चार।'

'चार आमों की कीमत कितनी हुई?'

पिताजी को जैसे उसे तंग करने में मज़ा आ रहा था। उसे क्या पता कि यह बेवकूफ कृष्ण कितने पैसे देगा?

'देखो, मैं तुम्हारी ठुकाई करने का विचार कर रहा हूँ। तुम्हारे दिमाग़ में क्या गोबर भरा है? दस आमों के दाम हैं पंद्रह आने तो एक का दाम क्या हुआ? बताओ, अगर नहीं बताया तो...

उन्होंने स्वामीनाथन के कान पकड़े और धीरे से मरोड़े। स्वामीनाथन ने ज़बान नहीं खोली क्योंकि वह यह तय नहीं कर पा रहा था कि इस सवाल के जवाब के लिए जोड़ करना पड़ेगा, या बाकी, या गुणा या भाग। इसमें जितनी देर लगती, उतनी ही कान की उमेठ बढ़ती जा रही थी। अंत में थककर पिताजी जब गुस्से से मुँह खोले जवाब का इन्तज़ार करते हुए बोले, 'मैं तब तक तुम्हें नहीं छोड़ूँगा जब तक तुम नहीं बताते कि दस आमों के पंद्रह आने के हिसाब से एक आम के कितने पैसे हुए।'

पिताजी को यह क्या हो गया है? स्वामीनाथन आँखें झपकाते हुए सोचने लगा। इस वक्त आमों की कीमत जान लेने की क्या ज़रूरत आ पड़ी है! पर अगर वे कीमत जानने के लिए इतने उतावले हो उठे हैं तो वह बाज़ार जाकर खुद पता क्यों नहीं कर लेते, क्यों उसे इतना परेशान करने में लगे हैं। रामों और कृष्णों की यह सारी जाति का

मनचाही संख्याओं में आमों की कीमत जानने के लिए पूरे और टुकड़ों में पैसों की गणना करने का यह काम बहुत झमेले का हो गया है।

अंत में पिताजी ने हार मान ली और कहा, 'एक आम की कीमत हुई पंद्रह बटा दस आने । अब बताओ ये कितने हुए।'

अब वे उसे गणित के सबसे डरावने हिस्से-भिन्न-की तरफ ले जा रहे थे। 'स्लेट मुझे दीजिए, मैं निकालता हूँ', यह कहकर उसने पिताजी से स्लेट ले ली और हल निकालने लगा। पंद्रह मिनट की मेहनत के बाद बोला, 'एक आम की कीमत होगी तीन बटा दो आने।'

वह सोचता था कि पिताजी इसे गलत बताएंगे, लेकिन उन्होंने कहा, 'बिलकुल ठीक। अब इसे और सरल करो।'

इसके बाद उसे कुछ समझ में आने लगा। उसने आधा घंटा और मेहनत की और बताया—कृष्ण को छह आने देने होंगे—यह कहकर वह ज़ोर से रो पड़ा।

शाम को पाँच बजे जब पिताजी क्लब जाने के लिए तैयार होने लगे, उन्हें पछतावा होने लगा कि दोपहर-भर वे बेटे को इतना परेशान करते रहे। 'तुम मेरे साथ क्लब चलना चाहोगे?' बेटे को सिर झुकाए खंभे के पीछे खड़ा देखकर वे बोले।

स्वामीनाथन खुश होकर भीतर घुस गया और पाँच मिनट में कोट पहनकर टोपी लगाकर वापस आ गया। पिताजी ने सिर से पैरों तक उसे देखा और पूछा, 'इससे ज्यादा अच्छे कपड़े तुम्हारे पास नहीं हैं?'

स्वामीनाथन यह सुनकर उदास हो गया। पिताजी ने उसकी माँ को आवाज़ दी, 'लक्ष्मी', और उसके आने पर पूछा, 'बक्से में स्वामी की कोई अच्छी ड्रेस होगी। इसे ज़रा साफ कपड़े पहना दो।'

माँ ने जवाब में कहा, 'अब इस वक्त ड्रेस की फिक्र मत करो। यही कपड़े ठीक हैं। अब बक्स कौन खोलेगा?... चाभियाँ पता नहीं कहाँ रखी हैं... और मैं बच्चे के लिए दूध बना रही हूँ।'

'लेकिन इसकी अच्छी ड्रेसें गई कहाँ?'

'कौन सी ड्रेसें? पिछली गर्मियों के बाद तुमने एक इंच कपड़ा नहीं खरीदा है।'

'मतलब क्या है तुम्हारा? कुछ महीने पहले जो मैं ट्विल का बहुत-सा कपड़ा लाया था, वह कहाँ गया?' उन्होंने यह पूछ तो लिया लेकिन मन में यह भी तय कर लिया कि बुध के दिन शाम को लड़के को दरज़ी के यहाँ ज़रूर ले जाना है। स्वामीनाथन ने माँ के जवाब का बुरा नहीं माना, बल्कि उसे यह अच्छा ही लगा क्योंकि अगर वह साफ कपड़े तलाश करने में लग जाती तो हो सकता है, पिताजी उसे छोड़कर ही क्लब चले जाते।

एक कार ने घर के सामने आकर हार्न बजाया। पिताजी ने मेज़ से टैनिस का रैकेट उठा लिया और बाहर चले, उनके पीछे स्वामीनाथन भी चला। ब्लेज़र पहने, जो स्वामी को बहुत अच्छा लगा, एक शानदार आदमी स्टीयरिंग व्हील पर बैठा था। उसने मुस्करा कर कहा, 'गुड ईविनिंग', – और स्वामीनाथन को डर लगा कि कहीं यह आदमी उसे कार में बिठाने से इनकार ही न कर दे। लेकिन उसका यह डर उसके अगले वाक्य को सुनकर एकदम काफूर हो गया, 'हलो, श्रीनिवासन, आज साहबज़ादे को भी क्लब ले चल रहे हो? ठीक है!' स्वामीनाथन पीछे की सीट पर जा बैठा और पिताजी सामने अपने दोस्त के साथ बैठ गये।

कार तेज़ी से आगे बढ़ी। स्वामीनाथन बहुत उत्साहित हो उठा और सोचने लगा कि काश! उसके साथी इस वक्त उसे देख लेते। क्लब पहुँचकर कार फाटक के भीतर घुसी और वहाँ पहले से खड़ी पाँच-छह कारों के साथ जाकर खड़ी हो गई।

वह पिताजी को टैनिस खेलते देखता रहा और इस नतीजे पर पहुँचा कि तीनों कोर्टों में जितने लोग खेल रहे हैं, उन सब में वे ही सबसे अच्छे हैं। स्वामीनाथन ने नोट किया कि उसके पिता जब कभी बॉल मारते हैं, कोई भी उसे रोक नहीं पाता और बॉल सीधी स्क्रीन से जा टकराती है। उसने यह भी देखा कि बॉल पिक करने वाले को बहुत खतरे हाते हैं।

यह सब देखकर स्वामीनाथन का मन एकदम प्रसन्न हो उठा। यही एक बात कि वह यहाँ मौजूद है और खेल देख रहा है, उसे महत्वपूर्ण बना रही थी, कल वह अपने दोस्तों को यह नई बात बतायेगा। वह धीरे से उठा और स्क्रीन के पास जाकर पिताजी के पीछे खड़ा हो गया। यहाँ आने से पहले उसने देखा कि ख़ाकी ड्रेस में जो छोटा-सा आदमी खड़ा है, वह कहीं उसे वहाँ खड़े होने से रोक न दे। लेकिन वह लड़का तो गेंदों को ज़मीन से उठाने और खिलाड़ियों को वापस देने में ही लगा था। स्वामीनाथन वहाँ करीब दस मिनट तक खड़ा रहा। यहाँ से पिताजी का खेल उसे ज्यादा अच्छा दिखाई देता था और उन के बल्ले से गेंद के टकराने पर 'ट्वेंग' की जो आवाज़ होती, वह उसे बहुत अच्छी लगती।

खाकी ड्रेस पहने लड़के को स्वामीनाथन देर तक देखता रहा। उसे यह पहचाना हुआ लगा। उसकी आँखें झपकने लगीं और उसे विश्वास ही नहीं हुआ। यह तो गाड़ी वाले का लड़का है। सिर्फ ख़ाकी कपड़े पहनने से जरा सा बदल गया है। अब लड़के ने भी घूमकर उसे देखा। पहचानकर उसने दाँत निकाले और जेब से चाकू निकालकर हवा में ऊपर उठा दिया।

स्वामीनाथन डर से काँपने लगा। चुपचाप वहाँ से हटकर अपनी पिछली जगह पर आ गया। जो उसके दुश्मन से काफी दूर थी।

खेल खत्म होने के बाद पिताजी जब वापस चले तो स्वामीनाथन उनके पीछे न चलकर ज़रा-सा आगे चलने लगा, क्योंकि उसे डर लगा कि कहीं पीछे से लड़का उसे चाकू न मार दे।

'स्वामी, मेरे आगे मत चलो। तुम मेरे पैरों से दब रहे हो।' स्वामीनाथन ने बेमन से उनकी बात मान ली, लेकिन चलते हुए, अपने पीछे और आगे ध्यान से देखता रहा। उसने एक तेज़-सा पत्थर भी उठा लिया जिसे ज़रूरत पड़ने पर मारा जा सके। कोर्ट से क्लब की इमारत दस-बारह गज़ ही दूर थी, लेकिन स्वामी को यह दूरी डेढ़ मील के बराबर महसूस हुई।

ताश खेलने वाले कमरे में पिताजी के बराबर बैठकर उसे कुछ धीरज बँधा। वातावरण में सिगरेट का धुआँ तैर रहा था। पिताजी बड़े उत्साह से ताश की गड्डी फेंट रहे थे और पत्ते खेल रहे थे। दुनिया में यह जगह सबसे सुरक्षित थी। यहाँ पिताजी और उनके बहुत से दोस्त थे जिनके रहते यहाँ किसी तरह का कोई डर नहीं था। गाड़ी वाले का लड़का यहाँ कुछ भी नहीं कर सकता था। थोड़ी देर बाद स्वामीनाथन ने खिड़की से बाहर झाँका तो आसमान में हज़ारों सितारे देखकर उसे कुछ परेशानी महसूस हुई। ताश का खेल जब खत्म होगा और पिताजी घर जाने को उठेंगे, तब तक बहुत अँधेरा हो जायेगा।

घंटे भर बाद पिताजी खेल खत्म करके उठे। स्वामीनाथन का डर फिर बढ़ने लगा था और इमारत की आखिरी सीढ़ियाँ उतरते हुए उसे परेशानी होने लगी। चारों तरफ छाये अँधेरे में खतरे भरे लगते थे। इसमें शक नहीं कि पिताजी और उनके दोस्त के बीच वह बिलकुल सुरक्षित था, और यह सोचकर उसे राहत मिलती थी। फिर भी स्वामीनाथन को लगा कि अगर यहाँ के सब लोग मिलकर उसे कार तक पहुँचा देते तो कितना अच्छा होता। उसे जितनी भी सुरक्षा दी जा सकती थी, मिलती, तो उसे बड़ा संतोष होता। हो सकता है, इस बीच वह लड़का अपने और भी साथियों को इकट्ठा कर लाया हो और हमला करने के लिए बाहर इन्तज़ार कर रहा हो। वह सामने होकर भी नहीं चल सकता था क्योंकि एक तो इससे उनके चलने में बाधा पड़ती; और उसे यह भी अंदाज़ा नहीं था कि कार तक पहुँचने के लिए कितनी दूर चलना है। पिताजी के पीछे चलना भी ठीक नहीं था क्योंकि इस तरह, हो सकता कि वह कार तक पहुँच ही न पाये। इसलिए वह इस तरह अगल-बगल कदम रखता हुआ चला जिससे आगे और पीछे एकसाथ देख सके। रास्ता खत्म होने में ही नहीं आ रहा था। उसने तय किया कि पिताजी को खतरे की बात बता दे और सुरक्षा की माँग करे।

'पिताजी!'

'हाँ, बेटे?'

अचानक स्वामीनाथन को ख्याल आया कि गाड़ी वाले के लड़के के बारे में पिताजी को न बताना ही ठीक रहेगा, भले ही स्थिति गंभीर क्यों न हो जाये।

'क्या चाहिए, बेटे?' पिताजी ने फिर पूछा।

'अब हम घर जा रहे हैं?'

'हाँ।'

'पैदल जायेंगे?'

'नहीं। वहाँ गाड़ी खड़ी है, गेट के पास।'

जब वे गाड़ी के पास पहुँचे तो स्वामीनाथन सबसे पहले उसमें घुस गया और पिछली सीट के बिलकुल बीच में जा बैठा। उसे अभी भी हमले का संदेह था। पिताजी के दोस्त गाड़ी चलाने में जल्दी नहीं कर रहे थे। स्वामीनाथन पीछे की सीट पर चुपचाप अकेला बैठा था और दोनों दोस्त आगे की सीटों पर थे। अब भी गाड़ी वाले का लड़का उसे खींचकर बाहर निकाल सकता है और उसे मार सकता है।

आखिरकार गाड़ी चली। उसका इंजन घुरघुराया और स्वामीनाथन को यह आवाज़ बड़ी मधुर लगी। वह फाटक से बाहर निकली और तेज़ी पकड़ने लगी। स्वामीनाथन ने अपनी धोती का एक कोना ऊपर उठाया और माथे से टपकता पसीना पोंछ लिया।

टूटे शीशे

15 अगस्त, 1930 के दिन मालगुडी के लगभग दो हज़ार नागरिक बंबई के सुप्रसिद्ध राजनेता गौरीशंकर की गिरफ्तारी के विरुद्ध सार्वजनिक प्रदर्शन के लिए सरयू नदी के दाहिने तट पर एकत्र हुए। खद्दर के कपड़े पहने एक तेज़-तर्रार आदमी लकड़ी से बने मंच पर खड़ा होकर भाषण दे रहा था। चारों दिशाओं में गूँजती ज़ोरदार आवाज़ में पहले उसने गौरीशंकर जी के राजनीतिक जीवन और उपलब्धियों के बारे में बताया, फिर सामान्य बातों पर उतर आया और चीख-चीख कर कहने लगा : 'दोस्तो, आज हम गुलाम हैं, ऐसी गुलामी हमने आज से पहले कभी नहीं की। हमें अपनी परंपरा को नहीं भूलना चाहिए। हम रामायण और महाभारत के अपने गौरवशाली इतिहास को क्यों भूल गये हैं ? यह वह देश है जिसने दुनिया को कालिदास दिया, गौतम बुद्ध और शंकराचार्य दिये। जिस समय अंग्रेज़ कच्चा माँस खाते और जंगलों में घूमते थे— नंगे घूमते थे, जी हाँ— उस समय हमारे जहाज़ समुद्रों में व्यापार करते थे और हमारी सभ्यता बहुत ऊँचाइयों को छू चुकी थी। और अब हमारी दशा क्या है ?' इसके बाद वह क्षण भर के लिए रुका और जोश में भरकर, यह जाने बिना कि जो वह कह रहा है, उसका अर्थ क्या है, बोला, 'आज हम गुलामों के भी गुलाम हैं।'

स्वामीनाथन के लिए, और मणि के लिए भी, भाषण का यह हिस्सा समझ से बाहर था। लेकिन पाँच मिनट बाद वक्ता ने जो कहा, वह बहुत व्यावहारिक था, 'आप ज़रा सोचकर देखिए— हम साढ़े तेतीस करोड़ लोग हैं और हमारा देश, रूस को निकाल दें तो बाकी यूरोप के बराबर है। इंग्लैंड हमारी मद्रास प्रेसीडेन्सी जितना बड़ा भी नहीं है, जो हमारे यहाँ से हज़ारों मील दूर हैं और जहाँ मुट्ठी-भर गुंडे-बदमाश बसते हैं। फिर भी हम उन थोड़े से अंग्रेज़ों के सामने सिर झुकाते हैं। हम क्यों, और यह दोष हमारा नहीं है, गरीब और दुर्बल हो गये है ? बात यह है, दोस्तो, कि अंग्रेज़ नौकरशाही ने हमें दबाकर और भूखा रखकर ऐसा बना दिया है। हमें ज्यादा कुछ नहीं करना होगा, अगर सब भारतीय इंग्लैंड पर थूक दें और उसी के सैलाब में इंग्लैंड डूब जायेगा...'

'गाँधीजी की जय!' वक्ता की यह बात सुनकर स्वामीनाथन को जोश आया और उसके मुँह से अपने-आप फूट पड़ा। मणि ने इस पर उसे कुहनी मारी और बोला, 'बेवकूफ! तुम चुप नहीं रह सकते?'

स्वामीनाथन ने पूछा, 'क्या यह सच है?'

'क्या सच है?'

'कि हम थूककर यूरोप को डुबा सकते हैं।'

'हो सकता है... नहीं तो नेताजी यह बात कहते ही क्यों?'

'तो हमें यह कर डालना चाहिए। कितना आसान है!'

मणि ने कहा, 'यूरोप वाले हमें शूट कर देंगे। उनके दिल नहीं होता।' स्वामीनाथन को यह जवाब संतोषजनक लगा और वह एकाध सवाल और भी पूछना चाहता था, लेकिन दो-तीन पड़ोस में बैठे लोगों ने उसे घूरकर देखा तो उसे चुप हो जाना पड़ा।

इसके बाद सारे दिन स्वामीनाथन के दिमाग़ में वक्ता की बातें घूमती रहीं, और मणि की दशा भी ऐसी ही थी। देश के किसानों की दशा का जब उसने वर्णन किया तो वे रोने लगे, उन्होंने तय किया कि विदेशी कपड़ो, विशेष रूप से लंकाशायर और मानचेस्टर में बने कपड़ों का बहिष्कार करेंगे, क्योंकि वहाँ के मिल मालिकों ने ढाका की मलमल बुनने वालों के अँगूठे काट डाले थे—उन दिनों ढाका की मलमल सारी दुनिया में मशहूर थी। और यह मलमल भी कैसी थी— चालीस गज़ लंबा थान तह करके एक सुंघनी की डिब्बी में रख दिया जाता था। जिन लोगों ने इन कारीगरों के अँगूठे काटे, उन्हें सख्त से सख्त सज़ा दी जानी चाहिए। इसका बदला लेने के लिए स्वामीनाथन अब केवल हाथ से कती-बुनी मोटी खद्दर ही पहनेगा। उसने अपने पहने हुए कपड़ों को सख्त नफरत से देखा। 'मणि;' उसने धीमी आवाज़ में पूछा, 'तुम जानते हो, मैं कौन से कपड़े पहने हूँ?'

मणि ने ध्यान से स्वामीनाथन के कोट की जाँच की और जवाब दिया, 'यह लंकाशायर का है।'

'यह तुम्हें कैसे पता चला?'

जवाब में मणि ने उसे ज़ोर से घूरा।

'और तुम क्या पहने हो?' स्वामीनाथन ने फिर सवाल किया।

'यह खद्दर है, और क्या? तुम्हारा ख्याल है कि मैं लंकाशायर के शैतानों को एक पैसा भी दूँगा। हरगिज़ नहीं। उन्हें मुझसे कुछ नहीं मिलेगा।'

उसके जवाब पर स्वामीनाथन को कुछ संदेह हुआ। लेकिन इस वक्त उसने चुप रहना ही ठीक समझा। वह सोचने लगा कि इन कपड़ों के बजाय, जिन्हें लंकाशायर के कपड़े कहा जा रहा है, वह नंगा ही मीटिंग में आता।

भीड़ ने तभी जोरदार नारा लगाया, 'भारतमाता की जय!' इसके बाद नारे लगने लगे, 'महात्मा गाँधी की जय!' फिर एक दर्द-भरा 'राष्ट्रीय' गीत गाया गया। अंत में विदेशी कपड़ों की होली जलाई गई। तब तक अँधेरा हो चुका था लेकिन कपड़ों की आग से लाल लपटें उठने लगीं। गाँधी टोपियाँ लगाये दो-तीन लड़के लोगों के पास जा-जाकर उनसे अपने विदेशी कपड़े जलाने को कह रहे थे। कोट और टोपियाँ और दूसरे कपड़े हवा में उड़ते हुए आते और आग में गिरकर धू-धू कर जलने लगते। लपटें आसमान में उठतीं, उनसे चटकने की आवाज़ें निकलतीं, फिर धुआँ और जलने की गंध चारों और फैलने लगती। लाल-लाल इस वातावरण में चलते-फिरते लोग परछाइयों की तरह तैरते नज़र आते। यह दृश्य देखकर स्वामीनाथन के बदन में खुशी की कँपकपी दौड़ने लगी। किसी ने उससे पूछा, 'यंग मैन, तुम अपने देश को गुलाम बनाये रखना चाहते हो?'

उसका जवाब था, 'हरगिज़ नहीं!'

'लेकिन टोपी तो तुम विदेशी पहने हो?'

यह सुनकर वह शर्म से पानी-पानी हो उठा। 'अरे, मुझे पता नहीं था', यह कहकर उसने सिर से टोपी उतार कर, यह सोचते हुए आग में फेंक दी कि वह देश की रक्षा कर रहा है।

दूसरे दिन सवेरे स्वामीनाथन जब अपने बिस्तर पर लेटा खिड़की से आकर उसके सामने ज़मीन पर पड़ रही सूरज की पतली-सी किरण को देख रहा था, उसके मन में, जो अभी पूरी तरह चेतन भी नहीं हुआ था, एक हलकी-सी चिंता जगी। क्या थी यह चिंता, उसने अपने से सवाल किया। स्कूल से संबंधित कोई बात होगी यह। होमवर्क करना था? नहीं, कर लिया था। उसकी सब कापियाँ ठीक-ठीक थीं। तो फिर ड्रेस की कोई बात होगी। होली, कपड़ों की होली। हाँ, उसे याद आया कि पिछली शाम देशभक्ति के उत्साह में उसने अपनी टोपी आग में फेंक दी थी और यह बात पिताजी को पता नहीं थी।

आज वह स्कूल क्या पहन कर जायेगा? पिताजी को यह बात बताकर नई टोपी खरीदने के लिए कहना उचित नहीं था। लेकिन बिना टोपी वह स्कूल भी तो नहीं जा सकता था!

यह समस्या भाग्य के ऊपर छोड़कर वह सिर्फ कोट पहनकर स्कूल के लिए चला और सचमुच भाग्य उस पर मेहरबान लग रहा था। उसे इस बात में सचमुच भगवान का हाथ महसूस हुआ, कि जब वह स्कूल पहुँचा, तो उसने देखा कि फाटक के सामने लड़कों की भीड़ जमा हो रही है।

स्वामीनाथन चुपचाप भीड़ से गुज़रता हुआ फाटक के पास पहुँच गया। तीसरे दर्जे के एक विद्यार्थी ने जिसे, वह जानता तक नहीं था, उसे रोककर पूछा, 'कहाँ जा रहे हो तुम?' स्वामीनाथन एक क्षण के लिए हिचकिचाया और सोचने लगा कि इस सवाल में कोई पेंच तो नहीं है, इसलिए उसने कहा, 'क्यों...अच्छा...हाँ...'

'आज स्कूल नहीं लगेगा', लड़के ने ज़ोर देकर कहा, 'भारत माता के एक महान सपूत को जेल भेज दिया गया है।'

'ठीक है, मैं स्कूल नहीं जाऊँगा', स्वामीनाथन ने तुरंत जवाब दिया और सोचा कि इससे उसकी टोपी की समस्या हल हो जायेगी।

हेडमास्टर और सारे अध्यापक स्कूल के सामने वाले बरामदे में इकट्ठे होकर खड़े थे। हेडमास्टर के चेहरे पर चिंता झलक रही थी। एबेनज़र अपना बेंत हिलाता हुआ इधर-उधर टहल रहा था। पहली दफा लड़कों ने इतिहास के अध्यापक डी. पिल्ले को गंभीर मुद्रा में देखा, जो उत्तेजना में अपनी अधकटी मूँछों पर हाथ फेर रहा था। भीड़ बढ़ती जा रही थी, और शोर मचने लगा था—और स्कूल खाली पड़ा था। दस बजने से पाँच मिनट पहले पहली घंटी बजी लेकिन फाटक के बिलकुल सामने खड़े कुछ लोगों के अलावा वह किसी को सुनाई नहीं दी। अध्यापकों और हेडमास्टर के बीच बातचीत चल रही थी। हेडमास्टर ने जब अपनी घड़ी जेब से निकाली तब उनका हाथ काँप रहा था, और उन्होंने दूसरी घंटी बजाने का आदेश दिया। घंटी बजी लेकिन हमेशा की तरह उसकी आवाज़ ज़ोरदार नहीं थी, वह काँप-सी रही थी और हलकी भी थी। इसके बाद हेडमास्टर और उनके पीछे अध्यापक फाटक की तरफ आये। उन्हें सामने देखकर भीड़ में सन्नाटा छा गया।

हेडमास्टर ने लड़कों से कहा कि वे सही व्यवहार करें और क्लासों में चले जायें। लेकिन लड़के चुप खड़े रहे। पिल्ले सहित अध्यापकों ने भी उन्हें समझाने की कोशिश की लेकिन कोई नतीजा नहीं निकला। इसके बाद यह चेतावनी देकर कि सख्त सज़ा दी जायेगी, हैडमास्टर भीतर चले गये। उनके वहाँ से हटते ही नारे गूँजने लगे : 'भारतमाता की जय!' 'गाँधीजी की जय!' 'गौरीशंकर की जय!'

अब भीड़ में स्कूल के लड़कों के अलावा और लोग भी जुटने लगे। नारे लग रहे थे और उनमें बड़ों की भी आवाज़ें सुनाई देने लगीं—'गाँधीजी की जय!'

भीड़ में से ही पाँच-छह लोग लीडर बनकर सामने आ गये और घूम-घूमकर सबको बताने लगे—आज हड़ताल है। आज शोक मनाने का दिन है। सबको पूरी तरह और शांति से शोक मनाना चाहिए!'

इस भीड़ में स्वामीनाथन एक तिनके की तरह था जिसे कोई नहीं देख रहा था। ऐसा ही एक और तिनका अपने सामने पत्थर के टुकड़े जमा कर रहा था और स्कूल

की इमारत में सामने दरवाज़ों पर बड़े अचूक ढंग से निशाने साध रहा था। स्वामीनाथन भी उसी की तरह करने को उतावला हो उठा। उसने भी पत्थर इकट्ठे किये और देखने लगा कि कितने दरवाज़े और खिड़कियाँ बची हैं जिन पर पत्थर नहीं फेंके गये हैं। यह देखकर कि सत्तर फीसदी का काम तमाम किया जा चुका है, वह निराश हो गया।

फिर उसे यह देखकर बहुत खुशी हुई कि हेडमास्टर के दफ्तर की खिड़कियाँ, जिनमें चौखूँटे बहुत से रंगीन शीशे लगे हैं, अभी तक ज्यों की त्यों हैं। उसने एक पत्थर उठाकर उस दिशा में फेंका और इन्तज़ार करने लगा कि कब यह शीशों से टकराकर उन्हें चकनाचूर करता है–और एक सेकिंड के बाद शीशे टूट-टूटकर चट-चट की आवाज़ करते ज़मीन पर गिरने लगे। यह देखकर वह जोश से भर उठा।

तभी एक छोटा-सा आदमी दौड़कर आया और भीड़ को बताने लगा, 'बोर्ड हाई स्कूल में तो पढ़ाई चल रही है।'

यह खतरनाक खबर सुनते ही भीड़ में ज़बरदस्त हलचल मच गई। सब लोग नारे लगाते बोर्ड स्कूल की तरफ चलने लगे–जो मार्केट रोड के आखिर में था।

जब वे स्कूल पहुँचे तो नए बने नेता सामने आये और हाथ उठाकर कहने लगे कि भीड़ बाहर ही रहे और शांति बनाये रखे। यह कहकर वे खुद स्कूल में घुस गये। लेकिन पंद्रह मिनट में, दो-दो और तीन-तीन करके पूरी भीड़ स्कूल के हाल में पहुँच गई।

भीड़ का एक नुमाइंदा हेडमास्टर से कहने लगा, 'सर, हम यहाँ फ़साद करने नहीं आये हैं। हम सिर्फ यह चाहते हैं कि आप छुट्टी कर दें। यह बहुत ज़रूरी है। हमारा नेता जेल में है। हमारी मातृभूमि पर संकट आ पड़ा है।'

हेडमास्टर, जो काफी तेज़ और उल्लू जैसा लग रहा था, चीखकर बोला, 'तुम किसकी इज़ाज़त से यहाँ घुस आये हो? बाहर निकलो। नहीं तो मैं पुलिस बुलाऊँगा।'

यह सुनते ही लोग चिल्लाने और उसका मज़ाक उड़ाने लगे। नारे लगने लगे। इसके बाद मेज़ें और बेंचें गिराई और तोड़ी जाने लगीं, खिड़कियों पर पत्थर बरसने लगे। बोर्ड स्कूल के ज्यादातर बच्चे भीड़ में शामिल हो गये। कुछ ज़रूर अलग खड़े रहे। पहले तो उन्हें शांति से कहा गया कि वे भी शामिल हो जाएँ, लेकिन उनके ऐसा न करने पर उन्हें घसीट-घसीट कर ले आया गया।

इस सब कार्यवाही में स्वामीनाथन का योगदान मामूली नहीं था। हेडमास्टर के यह कहने पर कि वह पुलिस को बुला लेगा। यह नारा उसने ही लगाया था–भले ही शोर के कारण किसी को सुनाई न दिया हो– 'हम पुलिस पर थूकेंगे।' दरअसल पुलिस का नाम सुनते ही उसका खून खौलने लगा था। कितनी बेहूदा और शर्म की

बात थी कि पुलिस को बुलायेंगे—जो लंकाशायर के अँगूठे काटने वालों के एजेंट थे और जब तोड़-फोड़ शुरू हुई, स्कूल की मेज़-कुर्सियों को बरबाद करने वालों में वह किसी से पीछे नहीं था। उसे यह देखकर भी बड़ी खुशी हुई थी कि यहाँ के तो सभी दरवाज़े और खिड़कियां सही-सलामत हैं। खुद अपने स्कूल में यह काम वह पूरी तरह नहीं कर सका था। उसने दौड़-दौड़कर स्याही की बोतलें इकट्ठी कीं और ताक-ताक कर शीशों में निशाने लगाये। और जब लड़कों को खींच-खींचकर बाहर लाया जा रहा था, तब यह काम उसे अपनी क्षमता से बाहर लगा क्योंकि लड़के उसके ही बराबर और बड़े भी थे। फिर उसे एक नया विचार आया कि क्यों न भीतर घुसकर छोटी क्लासों के बच्चों को पकड़ा जाय। इनमें उसे कई बहुत छोटे बच्चे मिले जो डर के मारे एक-दूसरे को पकड़े, काँपते हुए खड़े थे। स्वामीनाथन ने इन पर बड़े भयंकर ढंग से हमला किया और बच्चे गिरते-पड़ते इधर-उधर भागे। इनमें से एक जो भाग भी नहीं पा रहा था, उसके हाथ पड़ गया और उसने उसे पकड़कर उसकी टोपी उतार दी, और ज़मीन पर डालकर उसे पैरों से खूब कुचला। बच्चे को उसने इधर-उधर खींचा और मारपीट कर वहीं छोड़ दिया।

बोर्ड हाईस्कूल का काम पूरी तरह ठप कर देने के बाद भीड़ जुलूस बनाकर मार्केट रोड पर आगे बढ़ी। वातावरण में नारों और गानों की गूँज उठ रही थी जो सैकड़ों लोगों द्वारा सैकड़ों आवाज़ों में गाये जा रहे थे। स्वामीनाथन जुलूस के आखिरी भाग में था और सब अपरिचितों से घिरा वह चलता जा रहा था। सूखी, धूल धक्कड़ से भरी वृक्ष हीन मार्केट रोड पर सूरज की धूप और चमक बरस रही थी। लोगों के चलने से भी ज़बरदस्त धूल उड़कर सारे वातावरण में फैल गई थी जो उसे साँस लेने में भी तकलीफ दे रही थी। आमने-सामने उसे आगे चल रहे लोगों की पीठ और कंधों, और कभी-कभी किसी इमारत के अलावा कुछ दिखाई नहीं दे रहा था। चिल्लाने से उसका गला सूखने लगा था और अब उसे भूख भी लगने लगी थी। वह सोचने लगा कि जुलूस से निकल कर वह घर वापस क्यों न चला जाय, कि तभी जुलूस अचानक जहाँ था वहीं रुक गया। मिनट भर में पीछे के लोग यह देखने के लिए आगे बढ़ने लगे कि क्या बात हुई।

भीड़ अब मार्केट रोड के बीचोंबीच मैदान में बने फव्वारे के सामने थी। फव्वारे के दूसरी ओर पचास के लगभग सिपाही लाठियाँ लिये खड़े थे। उनसे में एक दर्जन सिपाही जुलूस को रोक रहे थे। एक बड़ा-सा आदमी, जिसके हाथ में चाबुक था और कंधे पर रिवाल्वर लटक रहा था, जुलूस की तरफ बढ़ा। उसकी चमड़े की पट्टियाँ और पालिश से चमकते बूट स्वामीनाथन को बड़ा प्रभावित कर रहे थे। उसने सिर घुमाया तो स्वामीनाथन ने देखा कि ये राजम के पिता थे। उसे डर भी लगा और

यह जानकर अफसोस भी हुआ कि वे उसके दोस्त के पिता हैं। अरे, राजम के पिता इन ग़द्दारों के मुखिया थे!

डिप्टी सुपरिन्टेन्डेन्ट ऑफ पुलिस राजम के पिता ने अपनी घड़ी पर नज़र जमाते हुए कहा, 'मैं इस जुलूस को गैरकानूनी घोषित करता हूँ। मैं इसे तितर-बितर होने के लिए पाँच मिनट का समय देता हूँ।

पाँच मिनट तक घड़ी देखने के बाद उन्होंने नज़र ऊपर उठाई और हुक्म दिया– 'चार्ज!'

इसके बाद जो भगदड़ मची, उसमें स्वामीनाथन करीब-करीब कुचल ही गया और मरने की हालत में पहुँच गया। सिपाही भीड़ में दौड़-दौड़कर लोगों को मार रहे थे। स्वामीनाथन भागने वालों के एक दल में शामिल हो गया था। सिपाही लाठियाँ ताने उनके सामने आ गये। स्वामीनाथन चीखकर बोला, 'मुझे मत मारो। मैं कुछ नहीं जानता,' फिर उसने अपने साथ वालों के ऊपर बरसती लाठियों की आवाज़ें सुनीं। एक के माथे से खून बह रहा था। लाठियाँ फिर बरसीं। एक और भागने वाला गिर पड़ा और कराहने लगा। एक तीसरे आदमी की पीठ पर एक-के-बाद दूसरी लाठी पड़ रही थी।

स्वामीनाथन डर से बेहोश होने लगा। वह जितनी तेज़ी से भाग सकता था, भाग रहा था। लेकिन सिपाही उसका पीछा कर रहे थे; एक ने उसके बाल पकड़ लिये और कहा, 'क्या कर रहे हो, यहाँ?'

'मैं कुछ नहीं जानता, साहब, मुझे छोड़ दीजिए', स्वामीनाथन ने विनती की।

'कुछ नहीं कर रहे तुम! शैतान बंदर।' भयानक दिख रहे सिपाही ने कहा– सिपाही पास से कितने ख़तरनाक दिखते हैं। – और उसके सिर पर हलकी सी एक लाठी मारकर वह बोला, 'फौरन दफ़ा हो जाओ, वरना...'

स्वामीनाथन का इरादा था कि पिताजी से इस फसाद की बात ही न करे। लेकिन जैसे ही वे घर आये, उन्होंने माँ को बुलाया और शहर में जो कुछ हुआ था, उसकी संक्षेप में जानकारी दे दी। वे बड़ी सहानुभूति से सब बातें बता रहे थे। कपड़े बदलने भीतर जाते हुए, बोले, 'डिप्टी सुपरिन्टेन्डेन्ट तो एकदम कसाई है।' स्वामीनाथन भी इससे सहमत था और जब वह राजम के पिताजी के बारे में, उनके घड़ी देखने, चेतावनी देने और हमले का हुक्म देने के बारे में सोचता, तो उसे कँपकपी दौड़ जाती।

पिताजी टाई उतारने से पहले ड्रेसिंग रूम से बाहर आये और बताया, 'पचास लोगों को गहरी चोटें आई हैं और उन्हें अस्पताल ले जाया गया है। एक-दो लोग मर गए भी बताये जाते हैं।' फिर स्वामीनाथन की तरफ मुड़कर बोले, 'स्कूली लड़कों

ने बहुत दंगा किया। तुमने क्या किया?'

'आज हड़ताल थी...', स्वामीनाथन ने बताना शुरू किया और सोचा कि इसी से टोपी की समस्या का हल भी निकाला जा सकता है। फिर बोला, 'कितनी भीड़ थी! और किसी ने मेरी टोपी भी उतार ली और उसे चिथड़े करके फेंक दिया।... कल स्कूल जाने से पहले मुझे नई टोपी चाहिए।'

'कौन था वह?' पिताजी ने पूछा।

'मुझे पता नहीं, कोई गुंडा था।'

'उसने यह क्यों किया?'

'क्योंकि यह विदेशी थी...'

'किसने कहा विदेशी थी! मैंने इसे खद्दर भंडार से दो रुपये में खरीदा था। काली खद्दर से बनी थी। तुम्हें कैसे पता कि यह विदेशी थी?'

'मुझे कुछ नहीं पता। मैंने रोका तो वह मुझे मारने को दौड़ा।'

'तुम्हें उसे पटक देना चाहिए था। मैंने यह टोपी और तुम्हारे कोट का कपड़ा एक ही दिन खद्दर भंडार से खरीदा था। अगर कोई इसे खद्दर न माने तो अंधा है वह।'

'लोग कहते हैं कि यह लंकाशायर की बनी है।'

'बकवास करते हैं। ऐसे लोगों से कहो कि अपने काम से काम रखें। अगर तुम दूसरों को यह कहने दोगे कि तुम्हारे कपड़े कहाँ के हैं तो तुम्हें नंगे घूमना पड़ेगा,। और कुछ नहीं होगा। तुम यह भी कह सकते हो कि हम एक पैसा भी विदेश नहीं जाने देते। हम अपना फ़र्ज़ जानते हैं। इसके अलावा, तुम बच्चे राजनीति में घुसते ही क्यों हो, अपना ही काम क्यों नहीं करते? वैसे ही हमारे देश में बहुत-सी समस्याएं हैं, तुम लोग उन्हें बढ़ाते क्यों हो?'

स्वामीनाथन बिस्तर पर लेटा देर तक सोचता रहा। जैसे-जैसे घंटे बीतते गये और घरों की रोशनियाँ बुझाई जाने लगीं, उसका बदन दिन में लगी चोटों का हिसाब करने की माँग करने लगा। उसके बाज़ू और घुटने अलग कहानी कह रहे थे : उसे याद आने लगा कि दिन-भर में तीन या चार बार वह ज़मीन पर गिरा था। पहली बार कहाँ-हाँ, जब राजम कार से उतरकर स्कूल में घुसा, और स्वामीनाथन ने सोचा कि छिपकर इसे ज़रा परेशान करे, लेकिन हडबड़ी में वह पत्थरों के ढेर पर गिर पड़ा और घुटने लहूलुहान कर लिये। फिर दोबारा; जब पुलिस ने डंडे बरसाना शुरू किया तो वह भागा और एक दुकान के सामने जा गिरा, और तभी कोई शैतान उस पर पैर रखता निकल गया।

उसने करवट बदली तो महसूस किया कि कूल्हों में दर्द हो रहा है। फिर पाया

जैसे जाँघों पर कोई भारी वज़न रखा हुआ है। इसके बारे में सोचते हुए उसे सिर में दर्द की लकीर-सी उठती हुई महसूस हुई—सिपाही ने लाठी काफी ज़ोर से मारी थी। और उसे 'बंदर' भी कहा था। वह भी— वह बंदर कैसे हुआ! बंदर वह नहीं, पुलिस वाले खुद बंदर लग रहे थे, और उनका काम भी बंदरों वाला ही था।

हेडमास्टर कक्षा में काफी गंभीर चेहरा लिये घुसे, उनकी नज़र भी बड़ी खतरनाक थी। स्वामीनाथन ने सोचा, इस वक्त वह यहाँ के बजाय कहीं और होता! हेडमास्टर ने कुछ मिनट कक्षा का जायज़ा लिया, फिर पूछा, 'तुम लोगों ने कल जो कुछ किया है, उसके बाद आज यहाँ आकर बैठने में तुम्हें शरम नहीं आ रही है?' फिर उन्होंने एक दर्जन के करीब उन लड़कों की सूची पढ़ी जो कल क्लास में आये थे— और मानो इस तरह उनका सम्मान किया। फिर गैरहाज़िर रहे लड़कों के नाम एक-एक करके पढ़े, और उनसे कहा कि बेंच पर खड़े हो जायें। उन्हें लगा कि यह सज़ा काफी नहीं है, इसलिए डेस्कों पर खड़े होने का हुक्म दिया। स्वामीनाथन भी इनमें था, और उसे खड़े होकर ऊँचाई हासिल करने में शर्म आईं।

फिर उन्हें भाषण पिलाया गया। जब वह खत्म हुआ, तब एक-एक करके उनसे सफाई देने को कहा गया। एक ने कहा कि उसके सिर में दर्द था, इसलिए वह स्कूल नहीं आ सका। उससे कहा गया कि मेडिकल सर्टिफिकेट पेश करे। दूसरे ने कहा कि वह जब स्कूल आ रहा था, तब किसी ने उसे बताया कि आज स्कूल नहीं लगेगा, इसलिए वह वापस लौट गया। हेडमास्टर ने कहा कि अगर कोई किसी लोफर की बात सुनकर स्कूल नहीं आता तो उसे बेंत लगने चाहिए। उसने स्कूल आकर पता क्यों नहीं किया कि स्कूल लगेगा या नहीं? इसका जवाब नहीं आया। सज़ा सुनाई गईं—दस दिन की हाज़िरी काटी जायेगी, दो रुपये जुर्माना और दिन-भर डेस्क पर खड़े रहने की सज़ा। —तीसरे ने भी कहा कि उसे सिरदर्द था। चौथे ने कहा कि पेट दर्द करने लगा था।

पाँचवें ने बताया कि जैसे ही वह स्कूल के लिए निकला, उसकी दादी अचानक चल बसीं। हेडमास्टर ने पूछा कि कल पिताजी से लिखवाकर लाएगा? नहीं। उसके पिता नहीं थे। फिर, तुम्हारा गार्जियन कौन है? दादी। लेकिन दादी तो मर चुकी थीं! नहीं, ये दूसरी दादी हैं। हेडमास्टर ने पूछा, 'किसी की कितनी दादियाँ हो सकती हैं?' चुप। क्या वह किसी पड़ोसी से खत लिखवाकर ला सकता है? नहीं ला सकता। उसका कोई पड़ोसी पढ़ा-लिखा नहीं है। क्योंकि हम लोग एलामन स्ट्रीट के सबसे असाक्षर हिस्से में रहते हैं। अब हेडमास्टर ने पूछा कि क्या वह किसी टीचर को पड़ोसियों से यह जानने के लिए भेजे कि दादी की मौत की बात में कितनी

सच्चाई है। अब एक ठहराव... मुँह पर पसीने की बूँदें और फिर यह जवाब कि पड़ोसियों को इस बारे में कोई जानकारी नहीं होगी, क्योंकि दादी की मौत गाँव में हुई। इस पर हेडमास्टर ने उसे कई बेंत मारे, उसे सड़क का कुत्ता बताया और पंद्रह दिन के लिए स्कूल से निकालने की सज़ा सुनाई।

जब स्वामीनाथन की बारी आई, वह बिलकुल बेबस नज़र आ रहा था। तीसरी बेंच पर सामने राजम बैठा था और वह उससे नज़रें बचा रहा था। वह सीधे ब्लैक बोर्ड पर देखे जा रहा था। सिर्फ उसके सिर का पीछे का हिस्सा और लाल-लाल कान स्वामीनाथन को दिखाई दे रहे थे। असहनीय दृश्य था यह। स्वामीनाथन को डर था कि अगर वह सिर घुमा ले और उसकी तरफ देखने लगे–तो वह तो डेस्क से ज़मीन पर गिर पड़ेगा। तीन बेंच आगे दिखने वाले लाल-लाल कान उसकी आवाज़ निकलने नहीं दे रहे थे। काश, कोई उसकी आँखों और राजम के लाल कानों के बीच में एक ब्लैक बोर्ड लाकर रख देता। उसे हेडमास्टर के सवाल सुनाई ही नहीं दे रहे थे। उनका बेंत जब उसके शरीर पर लगा, तब उसे होश आया।

'तुम कल स्कूल क्यों नहीं आये?' हेडमास्टर ने सख्ती से सवाल किया।

स्वामीनाथन की पहली भावना यही हुई कि कहे कि वह कभी गैरहाज़िर नहीं रहा। लेकिन हाज़िरी-रजिस्टर का वह क्या करता! 'मुझ पर पत्थर चलाये गये। मैंने तो आने की कोशिश की लेकिन उन्होंने मेरी टोपी उतार ली और उसे जला दिया। जब मैंने भागना चाहा तो कई तगड़े लोगों ने मुझे पकड़ लिया... जब कोई महान आदमी जेल जाता है... मुझे तुम्हें देखकर ताज्जुब होता है, अंग्रेज़ों के गुलाम... उन्होंने अँगूठे नहीं काटे... ढाका की मलमल– गुलामों के गुलाम...।' ये कुछ सफाइयाँ थीं जो उस के मन में उलझे हुए ढंग से आ रही थीं, लेकिन अच्छा यह हुआ कि इनमें से कोई भी बात उसकी ज़बान से बाहर नहीं निकली। वह भी यही कहना चाहता था कि उसका सिर दर्द करने लगा था, लेकिन क्या करता, यह बीमारी तो औरों ने भी बताई थी।

हेडमास्टर ने चिल्लाकर कहा, 'अपनी ज़बान नहीं खोलोगे?' यह कहकर उसने स्वामीनाथन के दायें कंधे पर सड़ाक् से छड़ी मारी। स्वामी आँखों में आँसू भरे चुप हेडमास्टर को देखता रहा, फिर बायें हाथ से चोट लगी जगह को सहलाने लगा। हेडमास्टर चिल्लाया, 'तुम जवाब दिये बिना इस तरह मुझे घूरते रहोगे तो मैं तुम्हें जान से खत्म कर दूँगा।'

'मैं... मैं... आ नहीं सका', वह किसी तरह हकलाकर बोला।

'यह बात है?' हेडमास्टर ने पूछा, फिर मुड़कर एक लड़के से कहा, 'चपरासी को बुलाओ।'

स्वामीनाथन को डर लगा, क्या यह चपरासी से मुझे फिर पिटवायेगा? अगर ऐसा हुआ तो मैं सबको काट-काटकर मार डालूँगा।

चपरासी आया। हेडमास्टर ने उससे कहा, 'अब इस बदमाश के बारे में तुम जो भी जानते हो, बताओ।'

चपरासी ने स्वामीनाथन को तीखी नज़र से देखा, खाँसा और पूछा, 'क्या मैंने तुम्हें शीशे तोड़ते नहीं देखा... ?'

हेडमास्टर ने उत्साह से इसमें जोड़ा, 'मेरे दफ्तर की खिड़कियों के शीशे।'

अब बचने का कोई उपाय नहीं था। स्वामीनाथन बेवकूफों की तरह तब तक सामने ताकता रहा जब तक दूसरा बेंत उसकी पीठ पर नहीं आ पड़ा। हेडमास्टर ने फिर सवाल किया कि इस गुंडे को इस बारे में क्या कहना है। गुंडे को कुछ भी नहीं कहना था। यह सचाई थी कि उसने खिड़कियाँ तोड़ी थीं। उन्होंने इसे देखा भी था। अब कहा क्या जा सकता था! उसने बिना सोचे यह काम किया था और इससे इनकार भी नहीं करना चाहता था। तीसरा बेंत उसकी पीठ पर पड़ा तो वह बोला, 'और मत मारिये, सर! दर्द होता है।' यह जैसे हेडमास्टर के लिए निमंत्रण था और हेडमास्टर ने उसे चार बेंत और लगाये। फिर बोले, 'डेस्क पर तब तक ईडियट की तरह खड़े रहो जब तक मैं तुम्हें स्कूल से निकालने का आर्डर न दे दूँ।'

स्वामीनाथन के शरीर का हर हिस्सा दर्द कर रहा था। अचानक उसमें एक अजीब-सी हिम्मत पैदा हो गई—जो विवशता की स्थितियों में होती है। उसने आँखों से निकलते आँसुओं को रोका, नीचे कूदा, अपनी किताबें उठाईं और यह कहता हुआ बाहर निकल आया, 'मैं तुम्हारे गंदे स्कूल की परवाह नहीं करता!'

क्रिकेट क्लब

छह हफ्ते बाद राजम स्वामीनाथन के घर यह बताने आया कि उसने उसे पिछली सब बुराइयों के लिए माफ़ कर दिया है– राजनीति में भाग लेने के लिए, बोर्ड हाई स्कूल की शान दिखाने के लिए– जिसका मतलब यह था कि इन परिवर्तनों से उसका जो मानसिक क्षय हुआ, उसके कारण वह पहले से ज्यादा सुस्त और बेवक़ूफ़ हो गया है।

एलबर्ट मिशन स्कूल से हड़ताल के दूसरे दिन बड़े नाटकीय ढंग से निकल आने के बाद स्वामीनाथन इतना ज्यादा ज़िद्दी हो उठा कि कुछ दिन बाद उसके पिता उसे बोर्ड हाई स्कूल ले जाकर वहाँ भरती करा आये। नए स्कूल में पहले तो स्वामीनाथन का व्यवहार कुछ अनिश्चित रहा, परंतु उसमें नई जगह में आने की उत्सुकता जाग उठी थी और वह शीघ्र ही सेंकिड सी क्लास के सभी छात्रों का केन्द्र बन गया, और इससे उसे काफी संतोष भी हुआ। उसके सब नए साथी, जो सभी एकदम नए चेहरे थे, अक्सर उसके इर्द-गिर्द इकट्ठा हो जाते और उसकी बातें सुनते। उसने अभी इनमें से उन कुछ का चुनाव नहीं किया था जिन्हें वह अपने खास दोस्तों का दर्जा देता। वह अब भी मानता था कि एलबर्ट मिशन स्कूल के उसके दोस्तों का ग्रुप अभी भी ज्यों का त्यों है, हालांकि जून में स्कूल खुलने के बाद वह पहले जैसा नहीं रह गया था। शंकर इनमें से बिलकुल गायब हो गया था, और लोगों ने बताया कि उसके पिताजी का तबादला हो गया है; सोमू कक्षा में फेल हो गया था जिसका मतलब यह था कि इस कारण अब वह दल का हिस्सा नहीं रह गया था– उनका यह कानून बहुत पक्का था, मटर इम्तहान पास कर गया था लेकिन वह पूरे तीन महीने बाद स्कूल लौटा, बहुत से डाक्टरी सर्टिफिकेटों के साथ कि वह बीमार रहा, वगैरह। अब वह सैकड़ों चिंताओं में डूबा रहता था, और साथियों के लिए अजनबी बन गया था। जहाँ तक स्वामीनाथन का सवाल था, सिर्फ राजम और मणि ही बाकी रह गए थे। मणि उससे रोज़ मिलता था लेकिन राजम ने उससे उस दिन से बात नहीं की थी जबसे उसकी राजनीतिक कार्यवाहियाँ सामने आने लगीं।

उस दिन शाम को स्वामीनाथन घर के एक अँधेरे कमरे में बैठा गत्ते के एक डिब्बे और चश्मे के शीशे से कैमरा बनाने की कोशिश कर रहा था। डिब्बे का छेद ज़रा-सा बड़ा हो जाने के कारण शीशा उसमें फिट नहीं हो पा रहा था, इस बात को लेकर उसके मन में गुस्सा भरने लगा—कि तभी दरवाज़े पर एक परिचित आवाज़ सुनाई दी। उसे सुनते ही, वह दौड़ पड़ा।

'हलो, हलो, राजम,' वह ज़ोर से बोला, 'तुम आ रहे हो यह बताया क्यों नहीं?'

'तुम्हारे हाथ में यह क्या है?' राजम ने पूछा।

'अरे, कुछ नहीं,' स्वामीनाथन ने शर्माते हुए कहा।

'कोई बात नहीं, जरा दिखाओ तो।'

'कुछ खास नहीं है,' यह कहते हुए स्वामीनाथन ने डिब्बा उसे पकड़ा दिया।

राजम डिब्बे के छेद से बाहर की दुनिया देखने लगा तो स्वामीनाथन ने कहा, 'हमारी क्लास के अकबर अली ने बहुत बढ़िया कैमरा बनाया है।'

'अच्छा? उससे करता क्या है वो?'

'बहुत-से फोटो खींचे हैं उससे।'

'सचमुच! किस चीज़ के फोटो?'

'अभी मुझे दिखाये नहीं है लेकिन घरों के, लोगों के, पेड़ों के फोटो खींचे हैं।'

राजम सीढ़ियों पर ही बैठ गया और पूछने लगा, 'कौन है यह अकबर अली?'

'मेरी क्लास में पढ़ता है। अच्छा मुसलमान है।'

'बोर्ड हाई स्कूल में?' उसकी आवाज़ में चिढ़ की खनक थी।

स्वामीनाथन ने इस बात को नज़रअंदाज कर दिया और कहता रहा, 'उसके पास साइकिल भी है। बहुत अच्छा मुसलमान है, वह मुहम्मद गज़नी और औरंगज़ेब को शैतान कहता है।'

'तुम्हें क्यों लगता है कि ये लोग शैतान थे?'

'इन्होंने हमारे मंदिर नहीं तोड़े और हिन्दुओं को परेशान नहीं किया? तुम्हें सोमनाथ के मंदिर की बात पता नहीं है?'

राजम ने कहा, 'हम ब्राह्मणों के लिए यह सब ठीक ही है। हमारे घरों में पिताजी एकादशी के दिन कुछ नहीं करते और न सालाना श्राद्ध करते हैं।' वह बहस करने के मूड में लगता था, यह सोचकर स्वामीनाथन चुप हो गया। राजम बोला, 'बताऊँ तुम्हें, बोर्ड हाई स्कूल तुम्हें ऐसा किये दे रहा है।'

स्वामीनाथन ने उसकी बात को मान लेना ही ठीक समझा। 'एक तरह से तुम्हारा कहना सही है। बोर्ड हाई स्कूल मुझे पसंद नहीं है।'

'फिर तुम उसमें क्यों भरती हो गये?'

'कोई रास्ता नहीं था। देखा नहीं, हेडमास्टर कैसा जंगली था! मेरी जगह तुम होते तो उससे झगड़ पड़ते।'

राजम को यह चापलूसी पसंद नहीं आईं, 'तुम्हारी जगह मैं होता तो राजनीति और हड़ताल से दूर रहता।' उसके पिता सरकारी नौकर थे इसलिए उसका परिवार राजनीति में नहीं पड़ता था।

स्वामीनाथन ने कहा, 'ठीक कहते हो तुम। हड़ताल के दिन मुझे घर पर रहना चाहिए था।'

उसका यह पूरी तरह समर्पण राजम को भीतर तक छू गया। उसने कहा कि वह स्वामीनाथन की सब पुरानी गलतियाँ माफ करने को तैयार है और उसके बोर्ड हाई स्कूल में पढ़ने का भी बुरा नहीं मानेगा। वे पहले की तरह दोस्त बने रहेंगे। 'अच्छा, क्रिकेट टीम के बारे में तुम्हारी क्या राय है?' उसने पूछा।

क्रिकेट के बारे में स्वामीनाथन का ख्याल था कि वह यह खेल नहीं खेल सकता। यह ज़रूर था कि उसे हॉब्स, ब्रेडमैन और दिलीप जैसे खिलाड़ियों के नाम पता थे और राजम की तरह, उनके स्कोर भी जानता था। राजम की तरह वह खिलाड़ियों की तस्वीरें काटकर एक एलबम में लगाता रहता था, हालांकि मन में उसे इन तस्वीरों की ज्यादा परवाह नहीं थी–उसे इनमें एक तरह की एकरसता नज़र आती थी। कई दफ़ा उसे लगता कि एलबम के हर पन्ने पर एक ही तस्वीर लगी है।

'नहीं, राजम, मैं क्रिकेट नहीं खेल सकूँगा। मुझे नहीं पता, कैसे खेला जाता है।'

राजम बोला, 'शुरू में सभी यह सोचते हैं। मैं खुद खेलना नहीं जानता, हालांकि खिलाड़ियों की तस्वीरें और स्कोर इकट्ठे करता रहता हूँ।'

उसे यह सुनकर अच्छा लगा। 'हो सकता है, हॉब्स ने पहली दफा जब बल्ला हाथ में लिया, तब वह भी ऐसा ही रहा हो।'

वह बोला, 'हम बहुत सी टीमों को चुनौती दे सकते हैं, अपने ही स्कूल की इलैविन को भी। वे सोचते हैं कि उन्हें कोई हरा नहीं सकता।'

'अच्छा! बोर्ड स्कूल के लफंगे यह सोचते हैं। हम उन्हें हरा देंगे। बिलकुल हरा देंगे।'

'इसे नाम क्या देंगे?

'पता नहीं तुम्हें? इसका नाम है एम. सी. सी.,' राजम ने कहा।

'यह तो हॉब्स की टीम का नाम है? है न? हम उनका नाम रख लेंगे तो वे हमें अदालत में ले जा सकते हैं।'

'कौन कहता है यह? अगर कोई मुकदमा खड़ा होता है तो मैं जज के सामने कहूँगा कि एम. सी. सी. का मतलब है मालगुडी क्रिकेट क्लब।'

स्वामीनाथन को इस बात से निराशा हुई। हालांकि एम. सी. सी. सुनने में बड़ा लगता था लेकिन नाम के तौर पर यह मामूली लगता था। उसने कहा, 'राजम, हमें कुछ दूसरा नाम सोचना चाहिए।'

'ठीक है, तुम बताओ कोई नाम।'

'हाँ... मुझे ''फ्रेंड्स इलैविन'' अच्छा लगता है।'

' ''फ्रेंड्स इलैविन''?'

'या ''जंपिंग स्टार्स'' हो सकता है,' स्वामीनाथन ने कहा।

'यह भी बुरा नहीं है।'

'मेरा ख्याल है, ''जंपिंग स्टार्स'' हमारे लिए शानदार नाम रहेगा।'

राजम के दिमाग में एकदम अखबार की खबर तैरने लगी–'जंपिग स्टार्स ने बोर्ड हाई स्कूल की इलैविन को बुरी तरह हरा दिया।' वह चिल्लाकर बोला, 'बहुत सुंदर है यह नाम... बहुत सुंदर...', जैसे सपना देख रहा हो। फिर कागज़ का एक टुकड़ा और पेंसिल निकाली और बोला, 'स्वामी, जो भी नाम तुम्हारे दिमाग में आयें, बताओ। बड़ी लिस्ट बनाकर नाम का चुनाव करेंगे। 'जंपिग स्टार्स' और 'एम.सी.सी.' को खास महत्व देंगे। फिर देखेंगे, कौन-सा तय किया जाए।'

स्वामीनाथन ने सोचना शुरू किया और बोलने लगा, 'लिखो ''फ्रेंड्स इलैविन''... ''जंपिग स्टार्स''... ''फ्रेंड्स यूनियन''....'

'मैंने ''फ्रेंड्स यूनियन'' पहले ही लिख लिया है', राजम ने सूची की तरफ इशारा करते हुए कहा।

स्वामीनाथन ने आगे कहा, ' ''एक्सेल्सियर्स''...'

'यह भी लिख लिया है।'

' ''एक्सेल्सियर यूनियन''... ''चैंपियन इलैविन''...,' फिर वह देर तक रुका रहा।

'दिमाग आगे नहीं चल रहा?' राजम ने पूछा।

'नहीं। लेकिन मणि होता तो वह कुछ और नाम बताता..., ''चैंपियन इलैविन''...'

'यह तुम बता चुके हो।'

' ''विक्टरी यूनियन इलैविन''...'

'यह बहुत अच्छा लग रहा है। मेरा ख्याल है, यह बहुत-बहुत अच्छा है। यह रख लें तो लोग हमसे डरने लगेंगे।'

उसने सूची सामने रखी और बड़े संतोष से एक-एक करके नाम पढ़ने लगा।

पिछली रात वह देर तक लेटा नाम सोचता रहा था लेकिन 'फ्रेंड्स यूनियन'' और ''एक्सेल्सियर्स'' के अलावा और कोई नाम उसके दिमाग में आ ही नहीं रहे थे। थककर वह सो गया। लेकिन आज स्वामीनाथन ने कितने नए नाम बता दिए। 'स्वामी, तुम मुझसे कल शाम मिल सकते हो? मैं आज ही मणि से मिल लेता हूँ। फिर हम नाम चुन लेंगे?'

कुछ देर बाद स्वामीनाथन ने पूछा, 'सुनो, अगर हम अपनी टीम बनायें तो क्या हमें सरकार को कोई टैक्स वगैरह देना पड़ेगा?'

'सरकार तो हर चीज़ से टैक्स वसूलती है। पिताजी की तनखाह पाँच सौ रुपये है लेकिन उसमें से करीब दो सौ रुपये सरकार काट लेती है। लेकिन तुम्हें क्यों लगता है कि हमें टैक्स देना पड़ेगा?'

'मेरा मतलब है–अगर हम टैक्स नहीं देंगे तो सरकार हमारी टीम को मंज़ूरी नहीं देगी और सैकड़ों दूसरे लोग इसी नाम की टीम बना सकते हैं। इससे बहुत सी उलझनें पैदा हो सकती हैं।

'अगर हम दो नाम रख लें?' राजम ने पूछा।

'ऐसा नहीं होता।'

'मैं कई टीमों को जानता हूँ जिनके दो नाम हैं। जब मैं बिशप वैलर्स में था तब हमारी टीम के नाम थे– इस वक्त मुझे याद नहीं आ रहे– हाँ, ''क्रिकेट इलैविन'' और ''वैलर्स क्रिकेट इलैविन''। एक नाम रोज़मर्रा के लिए और दूसरा मैचों के लिए।'

'वैलर्स जैसी पैसे वाली टीम के लिए तो ठीक है यह लेकिन मान लो, दो नाम रखने से सरकार दो टैक्स माँग ले तो?'

राजम ने महसूस किया कि इस समय क्रिकेट टीम बनाना दुनिया का सबसे मुश्किल काम है। वह तो सोचता था कि एक दर्जन साथी इकट्ठा करके घर के पास वाले मैदान में खेलना शुरू कर देगा और सारी दुनिया को चुनौती देगा। लेकिन यहाँ तो अनगिनत परेशानियाँ थीं, नाम से शुरू करके जो बहुत शानदार होना चाहिए, सरकारी टैक्स और दूसरी चीज़ें। सरकार तो यह भी नहीं जानती थी कि किस चीज़ पर टैक्स लेना चाहिए और किस पर नहीं। उसे एक क्षण के लिए गाँधीजी से सहानुभूति होने लगी– इसी वजह से वे सरकार के ज़बरदस्त विरोधी थे।

मुश्किलों के बारे में सोचते रहने में स्वामीनाथन माहिर था। उसने कहा, 'अगर हम टैक्स देना भी चाहें तो किसे यह टैक्स देना पड़ेगा। हिज़ मेजेस्टी या वायसराय को तो नहीं ही देना पड़ेगा। सरकार कौन है? अगर कोई पैसा ले ले

और धोखाधड़ी करे–खुद सरकार होने का बहाना बनाकर? शायद इन्हें मनीआर्डर से गवर्नर को टैक्स भेजना होता होगा। यह देशद्रोह होगा और कितना पैसा टैक्स में देना पड़ेगा?

सब राजम के कमरे में उसकी मेज़ पर बैठे थे। मणि के सामने खेल के सामान बेचने वाली फर्म–शॉप फॉर स्पोर्ट्स गुड्स मैसर्स बिन्स का कैटेलाग था। उसने पढ़ना शुरू किया 'जूनियर बिलर्ड बैट्स, सैविन एट्–सबसे बढ़िया लकड़ी से बने, जिनका 'कैम्ब्रिज जूनियर बॉयज़ इलैविन' इस्तेमाल करती है।'

राजम ने कहा, 'ज़रा मुझे देखने दो...।' मेज़ पर झुककर उसने कैटेलाग देखा और बोला, 'अच्छा बैट लगता है। स्वामी, तुम भी देखो!'

स्वामी ने गर्दन टेढ़ी की और देखकर सहमति प्रकट की। लेकिन साथ ही यह कह दिया कि 'कैटेलाग में तो और दूसरे बैटों की तरह ही लगता है।'

मणि ने बायें हाथ से उसकी गर्दन पकड़ी और बैट की तस्वीर से उसका चेहरा लगाकर बोला, 'तुम जूनियर विलर्ड और दूसरे बैट में फर्क नहीं कर सकते तो खिलाड़ी बनने की बात क्यों करते हो? तुम तो हमारी टीम में झाड़ू लगाने लायक भी नहीं हो।' यह कहकर उसने स्वामीनाथन की गर्दन छोड़ दी।

राजम ने पूछा, 'स्वामी, कैटेलाग वाले जूनियर बिलर्ड को क्या मानते हैं, जानते हो? लगता है, जूनियर बैटों में से इसे रॉल्स–रॉयस मानते हैं। तुम्हें रॉल्स–रॉयस और दूसरी कारों का अंतर मालूम है?'

स्वामीनाथन ने अकड़ते हुए कहा, 'मैंने यह नहीं कहा कि मैं रॉल्स–रॉयस और दूसरी कारों को एक जैसा मानता हूँ।'

'दोनों में क्या अंतर है?' राजम ने पूछा।

मणि ने भी हँसकर कहा, 'तुम दोनों का अंतर जानते हो तो बताते क्यों नहीं?'

स्वामीनाथन बोला, 'रॉल्स की कीमत एक लाख रुपये होती है जबकि और कारों की करीब दस हज़ार रुपये। रॉल्स के इंजन चाँदी के बने होते हैं और दूसरों के लोहे के।'

'अच्छा... वाह!' राजम ने मज़ाक किया।

'रॉल्स कार कभी परेशान नहीं करती, दूसरी कारें हमेशा करती हैं। रॉल्स का इंजन कभी नहीं रुकता, रॉल्स–रॉयस शोर नहीं करती, दूसरी कारें करती हैं?'

मणि बोला, 'तुम रॉल्स–रॉयस पर लेक्चर क्यों नहीं दे डालते?'

'स्वामी, मुझे अच्छा लगा कि तुम रॉल्स–रॉयस के बारे में इतना जानते हो। लेकिन यह जानकर शर्म आई कि बिलर्ड जूनियर के बारे में तुम्हें कुछ पता नहीं। जब

मैं बिशप वैलर्स में था तब वहाँ दर्जन के करीब विलर्ड जूनियर्स थे। बहुत अच्छे बैट होते हैं ये। इनके भीतर स्प्रिंग लगा होता है और बाल छूते ही वह हवा में उड़ने लगती है। हैंडिल पर बढ़िया सिल्क की पट्टी चढ़ी होती है। कुछ नहीं जानते तुम, और बातें बड़ी करते हो। उसके अलावा कोई भी बैट दिखाओ जिसमें स्प्रिंग और रेशम लगे हों।'

फिर कुछ देर रुककर राजम ने कहा, 'अच्छा, अब नोट कर लो, स्वामी... नाम है वी-लार्ड जूनियर।... और बताओ, कितने चाहिए?'

'तीन ले लें। इतने ठीक होंगे, मणि?'

'तीन पर पैसा क्यों बरबाद किया जाय? दो ही काफी होंगे।'

'लेकिन अगर मैच के बीच में कोई टूट जाता है, तो?' राजम ने पूछा।

'तुम्हारा ख्याल है हम विरोधी टीम को भी बैट सप्लाई करेंगे? वे अपने बैट खुद लेकर आयेंगे। यह बात पहले ही साफ हो जानी चाहिए।'

'फिर भी हमारा बैट खेल के बीच टूट जाय तो हमें खेल बंद करना पड़ेगा।'

'दो काफी होंगे, राजम; अगर पैसा बरबाद करना हो तो और बात है।'

राजम में बहुत उत्साह था। वह अपनी कुर्सी छोड़कर मणि की कुर्सी के हत्थे पर जा बैठा और कैटेलाग में बनी खेल के सामानों की तस्वीरें ध्यान से देखने लगा। स्वामीनाथन भी, जो हमेशा कुछ शक्की समझा जाता था, दोस्तों के उत्साह से भर उठा और दूसरे हत्थे पर वह भी जम गया। तीनों दोस्त क्रिकेट की गेंदों, बल्लों और जालों की रंगीन तस्वीरों को गौर से देखने लगे।

पूरा एक घंटा लगाकर उन्होंने टीम के लिए ज़रूरी सामानों का चुनाव किया। अब इस मामले का सबसे महत्वपूर्ण काम सामने आया—चीज़ों का आर्डर देने के लिए मैसर्स बिन्स को चिट्ठी तैयार करना। शिष्टाचार के नाते सबसे पहले मणि से यह काम करने को कहा गया लेकिन उसने मना कर दिया। फिर, बहुत विरोध करने के बाद भी स्वामी को यह काम करने का दबाव डाला गया। वह लिखने बैठ तो गया लेकिन बड़ी देर तक पेंसिल मुँह में लिए चबाता रहा, एक शब्द भी उससे नहीं लिखा गया। उसे स्पेलिंग में बड़ी परेशानी होती थी और सही शब्द लिखने की वह जितनी भी कोशिश करता उतना ही उसका शब्द गलत होता जाता था। वह स्पेलिंग के बारे में जितना भी सोचता उतनी ही उसकी परेशानी बढ़ती जाती थी और 'and' और 'the' जैसे मामूली शब्द भी उलट-पुलट जाते।

अंत में राजम ने यह ज़िम्मेदारी सँभाली और आध घंटे के बाद यह खत तैयार किया :

प्रेषक : एम. सी. सी. (और विक्टरी यूनियन इलैविन) मालगुडी
के लिए :

मैसर्स बिन्स
स्पोर्ट्समैन
माउंट रोड
मद्रास.

प्रिय महोदय,

कृपया हमारी टीम के लिए दो जूनियर विलर्ड बैट, छह बॉल, विकेट और दूसरी चीज़ें तुरंत भेज दीजिए। यह बहुत ज़रूरी है। इसके बाद हम आपको पैसे भेज देंगे। डरियेगा नहीं। जल्दी कीजिएगा।

आपका आज्ञाकारी
कैप्टेन राजम (कैप्टेन)

इस पत्र को स्वामीनाथन ने मंज़ूर कर लिया। लेकिन मणि ने कुछ सवाल उठाये। उसने पूछा कि क्या बिलकुल अपरिचित के लिए 'डियर' शब्द का शुरू में ही इस्तेमाल किया जाना सही है? बिन्स को 'डियर सर' कैसे कहा जा सकता है? हमें सिर्फ 'सर' कहना चाहिए।

इस पर राजम का उत्तर था : 'मैं ''सर'' नहीं कहूँगा। इसका इस्तेमाल सिर्फ क्लर्कों द्वारा किया जाता है। मैं बिन्स का क्लर्क नहीं हूँ, मैं क्यों ''सर'' कहूँ?'

इसलिए पत्र जैसा था, वैसे ही भेज दिया गया।

मेहनत का यह काम पूरा करने के बाद वे आराम करने लगे तो राजम के लिए एक कार्ड लेकर डाकिया आ गया। राजम ने पढ़ा और चिल्लाकर बोला, 'बताओ, किसका है?'

'बिन्स का?'

'बेवकूफ! हेडमास्टर का होगा?'

'कोई तो होगा।'

'जे. बी. हॉब्स?'

'शंकर का है,' राजम ने घोषणा की।

'शंकर का? इस चोर को तो हम भूल ही गये थे।' स्वामीनाथन और मणि ने राजम के हाथ से कार्ड छीन लिया और पढ़ने लगे :

प्रिय मित्र,

मैं यहाँ पढ़ रहा हूँ क्योंकि पिताजी यहाँ आ गये हैं। माँ भी यहीं हैं। हम सब यहीं हैं। अब हम यहीं रहेंगे। मैं अच्छी तरह हूँ। तुम भी ठीक होगे। यहाँ बड़ी गर्मी है। मैं तीन दिन तक बीमार रहा और दवा पीता रहा। उम्मीद है, मैं ठीक से पढ़ूँगा और पास हो जाऊँगा। मणि और स्वामी अच्छी तरह हैं? बड़ी गर्मी है। मैं क्रिकेट खेल रहा हूँ। और नहीं लिख सकता।

तुम्हारा सबसे प्यारा मित्र

—शंकर

पुनः मुझे भूल मत जाना।

—शंकर

सबको पत्र बहुत अच्छा लगा और तुरंत जवाब देने का फैसला किया गया।

एक घंटे में तीन पत्र लिखे गये। मणि ने शंकर के ही पत्र की नकल कर दी। स्वामीनाथन और राजम ने एक ही जैसे पत्र लिखे : ईश्वर की कृपा से वे अच्छी तरह हैं; उन्हें आशा है कि शंकर ज़रूर पास हो जाएगा और वह अच्छी तरह होगा, फिर उन्होंने क्रिकेट टीम के बारे में बहुत सी बातें लिखीं और आशा जताई कि शंकर भी मेम्बर बन जायेगा, उन्होंने कहा कि शंकर की टीम भी उन्हें चैलेंज कर सकती है।

अब तीनों पत्र एक टिकट-लगे लिफाफे में रखे गये और उसे गोंद से चिपकाया गया। अब उन्हें शंकर के पते की ज़रूरत हुई। सारा कार्ड देख डाला, पता कहीं नहीं मिला। जिस शहर से उसने पत्र भेजा था, उसका नाम भी कहीं नहीं था। डाक की मुहर से नाम जानने का प्रयत्न किया लेकिन वह एक धब्बा-भर था, उससे भी कुछ पता नहीं चला।

एम. सी. सी. और उसके सदस्यों का तब महत्व सिद्ध हो गया जब उनके नाम—कैप्टेन, एम. सी. सी., मालगुडी के पते पर मैसर्स बिन्स का जवाब कुछ दिन बाद आ गया। यह खुशी की बात थी और सुंदर सा उत्तर का यह लिफाफा वे देर तक हाथ से छू-छूकर उसका मज़ा लेते रहे। बिन्स ने सबसे पहले उनका अस्तित्व स्वीकार किया था, और राजम ने निश्चय किया कि उन्हें जो भी चीज़ें खरीदनी होंगीं, हमेशा इन्हीं से खरीदेंगे। इस पत्र के तीन प्रमुख परिणाम थे जिन्हें जानकर राजम और उसके दोस्त बहुत संतुष्ट हुए :

(1) पहला यह कि हिज़ मेजेस्टी के डाक विभाग ने उनकी टीम को स्वीकार किया है इसका प्रमाण यह था कि कैप्टेन के नाम भेजा गया पत्र उसे अविलंब पहुँचाया गया, (2) दूसरा यह कि बिन्स जैसे खेल के सामान की इतनी बड़ी फर्म

ने, जिसका आफिस मद्रास में था, उन्हें कार्ड पर उत्तर न भेजकर पूरा लंबा पत्र लिखा था और उसे टाइप भी कराया था, (3) और तीसरा यह कि एक दूसरे लिफाफे में, जिस पर चार आने का टिकट लगाया गया था, उनके लिए बड़ा कैटेलाग भी भेजा था।

पत्र में कैप्टेन को सूचित किया गया था कि मैसर्स बिन्स उन्हें इस आदेश के लिए धन्यवाद देते हैं और उन्हें प्रसन्नता होगी यदि आर्डर का 25 प्रतिशत मूल्य पेशगी भेज दिया जाय, शेष बाद में वी. पी. पी. द्वारा प्राप्त किया जा सकेगा।

तीनों मित्र इस उत्तर पर देर तक विचार करते रहे। उनकी समस्या यह थी कि पत्र से यह पता नहीं चलता था कि वे मँगाई हुई चीज़ें भेजेंगे या नहीं। मणि ने कहा कि यदि कोई 'ऑब्लाइज्ड' (obliged) शब्द का अर्थ उन्हें बता सके तो वह इस रहस्य को भेद सकेगा। उन्होंने डिक्शनरी खोलकर इस शब्द का अर्थ देखा लेकिन उससे भी समस्या हल नहीं हुई। उसे लगा कि वाक्य में इस जगह इस शब्द का कोई अर्थ नहीं है।

राजम ने कहा, 'एक बात बिलकुल साफ है। बिन्स ने हमें पत्र के लिए धन्यवाद दिया है। इसका मतलब यह नहीं हो सकता कि वे हमें चीज़ें नहीं भेजेंगे।'

स्वामीनाथन इससे सहमत था। 'तुम ठीक कहते हो। अगर वे माल सप्लाई नहीं करना चाहते, तो धन्यवाद हरगिज़ नहीं देते। इसके बजाय वे हमें गाली देते।' उसने पत्र की यह देखने के लिए दोबारा जाँच की कि धन्यवाद शब्द के बारे में तो कोई गलती नहीं है।

'लेकिन बेवकूफों ने इस शब्द का इस्तेमाल क्यों किया,' मणि 'ऑब्लाइज्ड' को लेकर परेशान हो रहा था। इसका तो वह उच्चारण भी नहीं कर पा रहा था। 'इसका कोई मतलब नहीं है। क्या वे हमारा मज़ाक उड़ाना चाहते हैं?'

राजम ने कहा, 'वे पच्चीस फीसदी के बारे में कुछ कह रहे हैं। इसका क्या मतलब हुआ?'

अब स्वामीनाथन अपने पर काबू न रख सका। बोला, 'राजम, मुझे ताज्जुब है तुम इस पत्र को समझ नहीं पा रहे हो। पिछले इम्तहान में तो तुम्हें साठ फीसदी नंबर मिले थे।'

'अरे, तुममें कुछ अकल भी है। उससे इसका क्या संबंध? इस पत्र को तो कोई बी. ए. भी नहीं समझ सकता।'

अंत में वे इस नतीजे पर पहुँचे कि यह पत्र उन्हें गलती से भेज दिया गया है। वे जो समझ पा रहे थे वह यही था कि एम. सी. सी. ने अपने पत्र में जो कुछ लिखा था, उनके जवाब में 'ऑब्लाइज्ड', 'रेमिट' और '25 परसेन्ट' जैसे शब्दों की ज़रूरत

ही नहीं थी। और यह भी संभव नहीं था कि बिन्स जैसी फर्म उनका मज़ाक उड़ाये। इस पर स्वामीनाथन ने पत्र के शुरू में ही 'कैप्टेन, एम. सी. सी.' लिखा होने की तरफ इशारा किया। कहा गया कि यह भी तो गलती हो सकती है।

पत्र को एक जवाबी पत्र के साथ लिफाफे में बंद करके वापस भेज दिया था। जवाबी पत्र में लिखा था :

हमें बहुत अफसोस है कि आपने किसी और का पत्र हमें भेज दिया है। किसी और का यह पत्र हम वापस कर रहे हैं। कृपया हमारी चीज़ें फौरन भेज दीजिए।

एम. सी. सी. के ये लोग बहुत आशावादी थे। यद्यपि उनके दूसरे पत्र का जवाब अभी तक नहीं मिला था, उन्हें आशा थी कि किसी भी डाक से उनकी मँगाई चीज़ें आ जायेंगी। दस दिन बाद, उन्होंने सोचा कि उनके पास जो भी सामग्री थी, उन्हीं से खेलना शुरू किया जाय, जब असली बैट आ जायेंगे, उनसे खेलने लगेंगे। एक लकड़ी का बक्सा तोड़कर उन्होंने तीन बल्ले बना लिये, राजम पिताजी के क्लब से टेनिस की तीन पुरानी गेंदें ले आया। मटर भी इसमें शामिल हो गया और उसने कहा कि उसके पास कहीं बढ़िया स्टंप पड़े हैं। राजम के बंगले के बगल में पड़ी ज़मीन को साफ कर पिच बना लिया गया। सब तैयार हो गया। अब अगर बिन्स को एम.सी.सी. के लिए चीज़ें बनाकर तैयार करने में महीना भर भी लग जाय–वे सोचते थे कि यह हो सकता है–प्रेक्टिस शुरू करने में उन्हें कोई परेशानी नहीं होगी। फिर जब उनकी चीज़ें आ जायेंगी, वे मैच खेलने के लिए तैयार हो जायेंगे।

राजम ने अपने क्लास से कुछ ऐसे लड़कों को चुना जो, उसकी नजर में, एम.सी.सी. के योग्य थे।

पहले दिन शाम को पाँच बजे एम.सी.सी. के सभी सदस्य इकट्ठा हो गये। सिर्फ मटर नहीं आया था और राजम बेसब्री से उसका इन्तज़ार कर रहा था। उसने ही असली स्टंप लाने का वादा किया था। आधा घंटा बीत गया लेकिन उसका कहीं पता न था।

काफी देर बाद उसकी छोटी-सी शक्ल दूर से आती दिखाई दी। राजम ने उसे देखा तो उसके दिल को धक्का-सा लगा। जो चीज़ें उसने लाने का वादा किया था, वे तो कहीं दिखाई ही नहीं दे रही थीं।, लेकिन वह चूँकि पश्चिम की तरफ से आ रहा था, इसलिए शाम के सूरज की चमक में वह साफ नज़र नहीं आ रहा था। मैदान में एकत्र सभी बारह लड़के उसकी तरफ आये और आँखों के ऊपर हाथ लगाकर उसे देखने लगे। कुछ ने कहा कि उसके हाथ में एक बंडल नज़र आ रहा है, दूसरों ने कहा कि वह दोनों हाथ आगे-पीछे हिलाता हुआ आ रहा है।

जब वह पास आया तो राजम ने पूछा, 'तुमने पहले क्यों नहीं बताया कि तुम्हारे पास स्टंप नहीं हैं?'

'लेकिन स्टंप मेरे पास हैं,' मटर ने विरोध करते हुए कहा, 'कल मैं जरूर ले आऊँगा। पिताजी को पता होगा, कहाँ रखे है।'

'कितना इन्तज़ार कराया तुमने। पहले नहीं बता सकते थे कि मिले नहीं?'

'नहीं, मैं कई घंटे लगाकर सब जगह ढूँढ़ता रहा। मैं एक ही वक्त में दोनों काम कैसे कर सकता था–उन्हें ढूँढ़ना और तुम्हें बताना?'

सदस्यों पर मायूसी छा गई। हर कोई बीस घंटे से सपने देख रहा था कि बैट पकड़कर बॉल को हिट लगायेंगे। मटर ने बदमाशी न की होती तो इस वक्त वे खेल रहे होते। हर कोई उसे कड़वी नज़र से घूर रहा था। वह बेचारा एकदम अलग पड़ गया। राजम ज़मी. पर पड़े लकड़ी के बैट और गेंद को देख रोने को हो आया। अगर सचमुच स्टंप आ गए होते तो कितना मज़ा आता।

दीवार के एक हिस्से में कोयले से निशान लगाये गये। कैप्टेन ने मैदान का जायज़ा लिया और खुद बैटिंग शुरू की। स्वामीनाथन ने बाउलिंग सँभाली। उसने एक हाथ में टैनिस की बॉल पकड़ी और कुछ कदम आगे बढ़कर उसे फेंका। राजम ने बल्ला घुमाया लेकिन मिस कर गया। बॉल सीधे जाकर कोयले के निशान के नीचे लगी। पहली ही बॉल में राजम आउट हो गया। लड़के खुशी से चीखने लगे। उन्होंने स्वामीनाथन को घेर लिया और उसकी पीठ थपथपाने लगे। फिर उसे सबसे अच्छा खिलाड़ी 'टेट' घोषित कर दिया।

दादी का अज्ञान

बोर्ड हाई स्कूल में काम काफी ज्यादा करना पड़ता था। एलबर्ट मिशन में होमवर्क बहुत कम दिया जाता था, लेकिन यहाँ बोर्ड में तो उसका गट्ठर लाद दिया जाता था। हर टीचर सोचता था कि लड़कों को एक उसका ही विषय पढ़ना होता है। गणित के सवाल छह, चार पूरे पन्ने हैंडराइटिंग लिखना, ढेरों कठिन शब्दों के डिक्शनरी देखकर अर्थ करना, दो नक्शे बनाना, और तमिल पद्य के पाँच छन्द–हर रोज़ औसतन इतना काम करना पड़ता था। स्वामीनाथन अक्सर सोचता कि पिछला स्कूल न छोड़ता तो अच्छा था। यहाँ के टीचर एकदम सख्त किस्म के थे : हफ्ते में तीन दफ़ा शाम को ड्रिल होती ही थी–स्काउटिंग की क्लास भी लगती थी, खेलों में भाग लेना ज़रूरी था, वगैरह, वगैरह–और यह सब क्लास खत्म होने के बाद होता था, और एक भी क्लास में गैरहाज़िर रहने का मतलब था, दूसरे दिन छह बेंतों की सज़ा। चश्मा लगाये गुर्राता हुआ हेडमास्टर, जिसकी आवाज़ चीख जैसी थी, नफरत पैदा करता था; एलबर्ट मिशन का हेडमास्टर, अपनी सब कमियों के बावजूद, इसके सामने देखने में काफी शानदार था।

इस सब मेहनत और अनुशासन के कारण फालतू समय बिलकुल नहीं मिलता था। स्वामीनाथन सवेरे एकदम तड़के उठता, अपना होमवर्क निबटाता, फिर फटाफट खाना पेट में डालता और पहली घंटी बजने पर ही स्कूल पहुँच पाता। हर रोज़ मार्केट रोड के आखिर की कपड़े की दुकान पर पहुँचते ही उसे पहली घंटी सुनाई देती। और फिर जब वह हाँफता हुआ कक्षा में पैर रखता, दूसरी भी बज जाती। इसकी आवाज़ एलबर्ट मिशन के घंटे जैसी घनघनाती शानदार आवाज़ नहीं थी, यह बहुत घटिया आवाज़ थी, जैसी नाक से निकल रही हो। लेकिन बहुत जल्द उसे इसका अभ्यास हो गया।

दोपहर में घंटे भर की छुट्टी के अलावा उसे शाम के साढ़े चार बजे तक बेंच से चिपके बैठे रहना पड़ता था। सबसे आखिरी बेंच पर बैठने की उसकी आदत खत्म हो गई थी–इसका कारण शायद यह था कि यहाँ मणि जैसा उसका कोई साथी नहीं था। अब वह दूसरी लाइन में बैठता था, जहाँ कागज़ पर चील-बिलौटे बनाने और

गपशप करने की सुविधा नहीं थी, क्योंकि यह सीट टीचर की सीधे नाक के नीचे थी। जब साढ़े चार की घंटी टनटनाती, स्वामीनाथन पेंसिल जेब में रखता और दर्द कर रही अँगुलियां खींच-खींचकर सीधी करता।

साढ़े चार बजे की घंटी भी खुशी नहीं देती थी। इसे सुनकर आप शोर मचाते क्लास से भाग निकलें,यह संभव नहीं था। इसके बाद आपको ड्रिल के मैदान में जाकर गंभीर बनकर लाइन में खड़े होना होता था और पूरे पौने घंटे ड्रिल मास्टर आपको इस तरह घुमाता-फिराता था, मानो आप उसके कुत्ते हों। वह आपको बायें और दायें मार्च करवाता, एकदम रोक देता, हाथ गोल-गोल घुमवाता, और भले ही आपको ठीक से आता न हो या करना पसंद हो, वह सीधे और समानान्तर तारों पर ऊपर-नीचे झूलने की कसरत करवाता। ड्रिल मास्टर यह भी परवाह नहीं करता था कि ज़रा-सा भी संतुलन बिगड़ते ही आप गिरकर अपना भेजा तोड़ सकते हैं।

यह सब करने के बाद आप घर जाकर किताबें फेंकते, काफी पीते और क्रिकेट खेलने मैदान की ओर दौड़ पड़ते जो काफी दूर था। आप आधे दौड़कर और आधे चलकर गर्मी से झुलसी घास के सपाट मैदान में पहुँचते, जिस पर ढलते सूरज की किरणें तिरछी होकर पड़ रही होतीं, चारों तरफ धूल की परत छाई होती और लड़के शोर मचा रहे होते। बॉल के बल्ले से टकराने पर होने वाली 'थड' की आवाज़ कानों से संगीत की तरह लगती। सड़क से जब आप लाले एक्सटैंशन की तरफ मुड़ते, आपको सूरज लाल जल रहे सिक्के की तरह डूब रहा दिखाई देता। आप सोचते कि यह डूबे नहीं, वहीं रुका रहे, लेकिन मैदान में कदम रखते ही वह गायब हो जाता और आसमान में रंग की एक झलक और रोशनी बाकी रह जाती। छायाएं उतरने लगतीं और एक-दो म्युनिसिपल लालटेनें कहीं-कहीं टिमटिमाने लगती। आपको अभी भी उम्मीद रहती कि समय पर पहुँचकर आप एक खेल खेल सकेंगे, लेकिन आधे फर्लांग की दूरी से आप देखने लगते कि टीम बेपरवाही से इधर-उधर बैठी है। कोई ढीले-ढाले ढंग से बल्ला पकड़े खड़ा है और कुछ लड़के उसी तरह हलकी-फुलकी बाउलिंग कर रहे हैं। धूप में मेहनत करने से आने वाली थकान सब पर काबिज़ है।

निराशा के इस दुख के साथ राजम भी उसे कुछ नाराज़-सा मिलता है। उसे दूसरे की समस्याओं का ज्ञान नहीं है। 'अरे, स्वामी, आज फिर देर हो गई?'

'ड्रिल की क्लास थी।'

'अपनी ड्रिल और स्काउट क्लासों को दफ़ा करो। तुम जल्दी क्यों नहीं आते?'

'राजम, मैं क्या करूँ! कोई उपाय नहीं है।'

'यह सब छोड़ो। बहानों की तुम्हें कभी कमी नहीं होती। जब से नए बल्ले और गेंद वगैरह आये हैं, तुम चार दफा से ज्यादा नहीं खेले।'

लड़के खेलकर थक चुके थे इसलिए टीम के सबसे छोटे लड़के को स्वामीनाथन के साथ खेलने को तैयार किया गया–पाँचवें दर्जे का यह लड़का बहुत होनहार और आज्ञाकारी था और इसने खुद राजम की बहुत-बहुत मिन्नत करके क्लब की सदस्यता हासिल की थी। स्वामीनाथन ने बैटिंग और उसने बाउलिंग की। फिर जब वह थक गया तब राजम ने बाउलिंग और उसने बैटिंग सँभाली। स्वामीनाथन को चूँकि टीम का सर्वश्रेष्ठ खिलाड़ी, 'टेट', घोषित किया जा चुका था, इसलिए वह लड़का ठीक से खेल नहीं पा रहा था। फिर बैटिंग और बाउलिंग बदल-बदलकर दोनों खेलते रहे। वे तब तक खेले जब तक अँधेरा बढ़ जाने के कारण बॉल नज़र आनी बंद हो गई और 'पिकर' लड़का बॉल की जगह दूसरी छोटी-छोटी चीज़ों के पीछे भागने लगा।

इसी समय यह अफवाह फैली कि बॉल कहीं खो गई है, जिससे सब बेचैन हो उठे। आराम कर रहे खिलाड़ी भी दौड़ने-भागने लगे और बॉल को ढूँढ़ लाये। इसके बाद कैप्टेन ने खेल खत्म करने का हुक्म दिया, स्टंप निकाल लिये गये और लड़के अँधेरे में गायब होने लगे। स्वामीनाथन राजम और मणि के साथ रुक गया और तीनों दीवार पर बैठकर उस दिन के खेल और खिलाड़ियों की समीक्षा करने लगे। हर खिलाड़ी की अच्छाई और कमी और कौन आगे चलकर उन्नति करेगा या पिछड़ जायेगा, इस सबकी गहराई से चर्चा की गई। अँधेरा बढ़ता जा रहा था, कि तभी नौकर ने आकर राजम को पढ़ाई के मास्टर के आने की खबर दी. और सब उठकर चलने लगे।

एक शाम, खेल के मैदान से लौटते हुए, ग्रोव स्ट्रीट के चौराहे पर मणि से अलग होने के बाद, स्वामीनाथन का मन किसी बात के लिए उसे परेशान करने लगा। शाम को स्कूल से लौटकर बस्ता कमरे में फेंकने के बाद जब वह खेल के मैदान के लिए निकला, तब एक छोटी-सी घटना हुई थी। कॉफी पीने के लिए किचेन में जाने के समय दादी ने उसे आवाज़ लगाई, 'स्वामी, बेटा स्वामी, ज़रा इधर आना!'

'इस वक्त नहीं आऊँगा,' कहकर वह तेज़ी से कॉफी पीने लगा। लेकिन दादी की कमजोर आवाज़ आती रही और उसे उस पर तरस आने लगा–बेचारी पर कोई ध्यान नहीं देता। कॉफी खत्म करके वह उसके पास जा पहुँचा और बोला, 'क्या बात है, दादी?'

उसने सिर उठाया और बैठने को कहा। इस पर उसे गुस्सा आ गया और व्यवहार में जो नरमी आ गई थी, वह दफ़ा हो गई। ज़ोर से बोला, 'जो भी कहना हो जल्दी से कह दो।... मुझे जाना है।'

दादी बोली, 'मैं तुम्हें छह पैसे देती हूँ। तीन पैसे खुद रख लो और तीन का मुझे एक नींबू ला दो।' वह चाहती थी कि यह बात चालाकी और धीरे से कहे क्योंकि पोते का जवाब क्या होगा, इसका उसे अंदाज़ था। इसलिए उसने पहले बैठने को कहा।

'हाँ' या 'ना' कहे बिना स्वामीनाथन ने हाथ बढ़ाकर पैसे ले लिये। दादी बोली, 'मैं दस तक गिनती गिनूँगी, उससे पहले आ जाना।' इस बात से स्वामी को चिढ़-सी हुई। उसने पैसे फेंक दिये। और कहा, 'इतनी जल्दी है तो जाकर खुद ले आओ।' साढ़े पाँच बज रहे थे और वह सूरज डूबने से पहले खेलने पहुँच जाना चाहता था। यह कहकर वह देखने लगा कि दादी देर से नींबू लाने के लिए तैयार है या नहीं। दादी बोली, 'मेरे पेट में बड़ा दर्द हो रहा है। दौड़कर ला दो, बेटा!' और कुछ सुनने के लिए वह नहीं रुका।

लेकिन अब खेल खत्म हो चुका था और उसका जोश-खरोश भी मिट चुका था, सबसे बाई-बाई, की जा चुकी थी, ग्रोव और विनायक मुदाली स्ट्रीट के चौराहे पर वह अपनी आत्मा के सामने खड़ा था। उसके मन में दादी के प्रति अपराध की भावना पैदा होने लगी थी। उस वक्त शायद वह दर्द से काँप रही थी। याद आया कि उसकी आँखों में आँसू भरे थे और चेहरा टेढ़ा हो गया था। वह सोचने लगा कि कितना शैतान, धोखेबाज़ और सख्तदिल है वह!

यही सब सोचता हुआ वह घर लौटा। धीरे से दादी के पास बैठ गया और उसकी तरफ देखने लगा। ऐसा वह हमेशा नहीं करता था। लौटते ही किचेन में घुस जाता और रसोइये को परेशान करने लगता। लेकिन इस वक्त भूख उसे परेशान नहीं कर रही थी।

दादी की कोठरी में रोशनी नहीं होती थी। हॉल की रोशनी की एक किरण यहाँ भी आती और उसी से उसका काम चलता था। अँधेरा ही था और उसका चेहरा साफ़ दिखाई नहीं पड़ता था। वह चुप लेटी थी। स्वामीनाथन को डर लगा कि कहीं सख्त पेट दर्द से वह मर न गई हो। उसने धीमी आवाज़ में पूछा, 'दादी, अब दर्द कैसा है?'

दादी हिली, आँखें खोलीं और पूछा, 'स्वामी, आ गये बेटा? तुमने खाना खा लिया?'

'अभी नहीं, दादी तुम्हारा दर्द कैसा है।'

'अरे, अब ठीक है। बिलकुल ठीक है।'

अगला सवाल पूछने में स्वामीनाथन को बड़ी ताकत लगानी पड़ी, 'तुम्हें नींबू मिल गया था?' वह जानना चाहता था क्योंकि उसे सचमुच यह बात बहुत परेशान कर रही थी।

दादी ने फौरन जवाब दे दिया, लेकिन स्वामीनाथन को यह वक्त बहुत लंबा लगा—बहुत ज्यादा लंबा क्योंकि इस बीच कुछ भी हो सकता था, दादी कुछ भी कह सकती थी, डाँट सकती थी, उसे पराया बता सकती थी, उससे अपना रिश्ता तोड़ सकती थी, या शिकायत कर सकती थी कि अगर वह नींबू जल्दी से ला देता तो वह बच सकती थी, या वह तो मरने-मरने को ही चली थी।, कुछ ही मिनट में वह दुनिया से चली जाती।

लेकिन उसने सादगी से यही कहा, 'अच्छा हुआ तुम नींबू नहीं लाये। तुम्हारी माँ दर्जन भर ले आई थी, किचेन में रखे थे।'

यह सुनकर स्वामीनाथन को ज़बरदस्त खुशी हुई। यह खुशी उसने यह कहकर व्यक्त की, 'दादी, मालूम है मेरा नाम अब क्या है? टेट है मेरा नाम।'

'क्या है?'

'टेट।'

'टेट क्या होता है?' उसने पूछा। स्वामीनाथन को यह सुनकर निराशा हुई जिसके दो कारण थे। एक तो यह कि उसे नई उपाधि की खबर ही नहीं थी, दूसरे यह कि बताने पर भी वह इसका महत्व नहीं समझ पाई। और वक्त होता तो वह इस बात पर चिल्लाने लगता, लेकिन इस वक्त वह खुद को अपराधी महसूस कर रहा था, इसलिए उसने मुलायमियत से पूछा, 'तुम्हें टेट के बारे में कुछ पता नहीं है?'

'कुछ पता नहीं है।'

'अरे, टेट दुनिया का सबसे बड़ा खिलाड़ी है क्रिकेट का। इतना बड़ा बाउलर कोई नहीं है। और क्रिकेट के बारे में तो जानती होगी?

'नहीं जानती... क्या है यह क्रिकेट?', दादी ने सवाल किया।

स्वामी को यह सुनकर आश्चर्य हुआ कि दादी क्रिकेट के बारे में कुछ नहीं जानती। वह दादी के अज्ञान पर चकित रह गया। 'दादी, तुम यह कहना चाहती हो कि क्रिकेट क्या है, इसका तुम्हें कुछ पता नहीं? या मुझे उल्लू बना रही हो?'

'तुम क्या कह रहे हो, मेरी समझ में बिलकुल नहीं आ रहा', दादी बोली।

'बार-बार यह मत कहो, "मैं नहीं जानती।" तुम्हारे समय में लड़के और आदमी शाम के वक्त क्या करते होंगे? मैं तो सोच ही नहीं पा रहा। मेरा ख्याल है, वे चौबीसों घंटे पूजा-पाठ में ही बिताते होंगे।'

अब वह सोचने लगा—दादी कितने ज़बरदस्त अज्ञान से घिरी है। इसलिए उसे क्रिकेट का पूरा ज्ञान देना उसका कर्तव्य है।

उसने क्रिकेट के बारे में दादी को छोटा-सा भाषण दिया जिसमें क्रिकेट खेल के महत्व, उसके सिद्धांतों, उसके नियमों और आदर्शों, और खेल की दुनिया में मशहूर

खिलाड़ियों के बारे में बताया। हर कुछ सेकिंड बोलने के बाद वह दादी से पूछता कि समझ में आ रहा है या नहीं, और दादी हमेशा सिर हिलाती जाती, हालांकि तीन फीसदी से ज्यादा उसके बिलकुल पल्ले नहीं पड़ा था। आखिर में स्वामीनाथन ने सुप्रसिद्ध एम. सी. सी. के बारे में जानकारी दी, उसका इतिहास बताया और भविष्य की संभावनाएं भी बताईं।

फिर बोला, 'राजम के बिना, दादी, टीम का कुछ भी न बना होता। उसने सैकड़ों रुपये इसके लिए खर्च किये हैं। गेंद और बल्ले खरीदना आसान नहीं है। उसके पास डिब्बे में बहुत-सा पैसा है। हमारी टीम के बारे में सरकार को भी पता है। अगर तुम चाहो तो एम. सी. सी. को खत लिख सकती हो, वह हमें बहुत जल्द मिल जायेगा। तुम देखना, मालगुडी में हम सारे कप जीत लेंगे और कुछ दिन बाद मद्रास के लोगों को भी दिखा देंगे कि किक्रेट क्या होता है।' फिर उसने ज़रूरी बात कही, 'यह मत समझना कि हमारी टीम में जो चाहे शामिल हो सकता है।'

पिताजी बच्चे को गोद में लिये उसके पीछे खड़े थे। बोले, 'दादी को क्या भाषण दे रहे हो?'

स्वामीनाथन को पिताजी की वहाँ उपस्थिति का ज्ञान नहीं था अचकचाकर वह पीछे मुड़ा। और बोला, 'कुछ नहीं', पिताजी... कुछ नहीं।'

'अरे...मुझे भी बताओ।'...

'कुछ खास नहीं... दादी क्रिकेट के बारे में जानना चाहती थी और वही बता रहा था।'

'सचमुच? मैं नहीं जानता था, अम्मा भी खिलाड़ी बनना चाहती हैं। मेरा ख्याल है, पोते ने तुम्हें पूरा ज्ञान दे दिया है!'

दादी बोली, 'बच्चे को तंग मत करो। वह मुझे बहुत चाहता है। बेचारा! मुझे हमेशा कोई-न-कोई नई बात बताता रहता है। तुम तो मुझे कुछ नहीं बताते। बड़े आदमी हो गये हो तुम लोग!'

पिताजी ने बच्चे की तरफ इशारा करके कहा, 'कुछ दिन और रुक जाओ, फिर यह भी तुम्हें दुनिया भर की फिलासफी और राजनीति बताया करेगा।'

उन्होंने प्यार से बच्चे के गाल पर चुटकी काटी और वह खिलखिलाकर हँसने लगा। 'इसने तो अभी से भाषण देना शुरू कर दिया। ज़रा ध्यान से सुनो, अम्मा!'

दादी ने बच्चा लेने के लिए अपने हाथ बढ़ाये। लेकिन पिता उसे गोद में चिपटाए रहे और बोले, 'नहीं। मैं आज इसके लिए ही जल्दी घर आ गया। मैं नहीं दूँगा इसे और स्वामी, चलो, खाना खाया जाए। माँ कहाँ है तुम्हारी?'

कैप्टेन को स्वामीनाथन का रंग-ढंग पसंद नहीं था। 'स्वामी, मैं तुम्हें चेतावनी

देना चाहता हूँ। तुम खेल पर कतई ध्यान नहीं दे रहे। तुम्हारी प्रैक्टिस एकदम बंद है।'

'बोर्ड स्कूल के काम की वजह से ऐसा नहीं हो पाता।'

'तुम्हें किसने कहा था कि उसमें दाखिला ले लो? वे तो तुम्हें बुलाने नहीं आये थे। कोई बात नहीं। लेकिन मैं तुम्हें बताऊँ कि ब्रैडमैन, टेट और सब खिलाड़ी रोज़ पिच पर चार-पाँच घंटे बिताते हैं और प्रैक्टिस करते रहते हैं। तुम समझते हो कि उनसे भी बड़े हो!'

'कैप्टेन, सुनो, मैं रोज़ पाँच बजे से पहले फील्ड पर पहुँचने की पूरी कोशिश करता हूँ। लेकिन इस वाहियात स्कूल का टाइम टेबिल बहुत ही खराब है।'

इसका कुछ तो रास्ता निकालना ही होगा। कैप्टेन ने सुझाव दिया, 'तुम हेडमास्टर से मिलो और उससे कहो कि मैच होने तक तुम्हें बाद के काम से छुट्टी दे दे।' यह कहना आसान था लेकिन करना नहीं, और स्वामीनाथन ने उससे कह भी दिया; उसने कल्पना में हेडमास्टर के चश्मा-लगे खूँखार चेहरे को देखा और डर-सा गया।

'मुझे हेडमास्टर से यह कहने में डर लगता है', उसने कहा। 'वह मुझे दूसरे दर्जे से बाहर नहीं आने देगा।'

'सचमुच! तुम हेडमास्टर से इतना ज्यादा डरते हो! अच्छा, मैं उससे मिलूँ, तो?'

'नहीं, कैप्टेन, ऐसा मत करना। मैं तुम्हारे पैर पड़ता हूँ। तुम नहीं जानते वह कैसा शैतान है! वह तुम्हारे साथ अच्छा व्यवहार नहीं करेगा। और अगर करे भी, तो बाद में मुझे जान से ज़रूर मार देगा।'

'स्वामी, तुम्हें क्या हो गया है? तुम्हारे सिर में बेकार की बातें भरी हैं। इस तरह हम कैसे कुछ कर पायेंगे? टीम को बनाये दो महीने हो रहे हैं, और तुम दस दिन भी नहीं खेले।'

मणि, जो दीवार पर पड़ा ऊँघ रहा था, अब आकर बोला, 'हम देखते हैं हेडमास्टर क्या कर सकता है। हाँ कहेगा या ना। अगर वह तुम्हें कुछ करता है, मैं उसकी लुगदी बना दूँगा। मेरा मुगदर भी बहुत दिनों से बेकार पड़ा है।'

राजम को भी रोक पाना आसान नहीं था। दूसरे दिन उसने फिर कहा कि वह हेडमास्टर से ज़रूर मिलेगा। इसके लिए वह अपने दो-तीन पीरियड भी छोड़ने को तैयार है। मणि ने कहा कि वह भी साथ चलेगा, लेकिन उसे झिड़क दिया गया।

दूसरे दिन साढ़े नौ बजे स्वामीनाथन पाँच मिनट तक अपनी आँखें रगड़ता रहा, फिर कहने लगा कि उसे सिरदर्द है। पिताजी ने उसका माथा छुआ और कहा कि सिर पर ज़रा सा ठंडा पानी डाल ले, पाँच मिनट में दर्द बंद हो जायेगा।

'ठीक है, पिताजी,' कहकर वह बाहर चला आया। पिता के कमरे के सामने

खड़ा होकर सोचता रहा कि ठंडा पानी अगर सिरदर्द की दवा है तो वह इससे बचेगा। क्योंकि इसी बीमारी के लिए तो वह इस वक्त प्रार्थना कर रहा है। राजम हेडमास्टर से मिलने आ रहा था, इसलिए आज स्कूल जाना समझदारी की बात नहीं होगी। भीतर जाकर उसने पूछा, 'पिताजी, आपने ठंडा पानी डालने को कहा है?'

'हाँ।'

'लेकिन इससे तो मुझे निमोनिया भी हो सकता है। मुझे बुखार-सा भी लग रहा है।'

पिताजी ने उसकी नब्ज़ देखी और कहा, 'स्कूल जाओ और वहाँ सब ठीक हो जायेगा।' पत्थर में से दूध निकाला जा सकता था पर पिताजी से स्कूल के लिए छुट्टी माँगना संभव नहीं था।

अब वह दादी के पास गया और उनके कान में कहने लगा, 'अगर मैं मर भी जाऊँ, तो भी पिताजी मेरी लाश को स्कूल भिजवाकर रहेंगे।' दादी ने इस बात के लिए उसे ज़ोर से डाँटा।

'दादी, मेरे भीतर ज़बरदस्त बुखार चढ़ रहा है और सिर भी दर्द से फटा जा रहा है। फिर भी मुझे स्कूल भेजा जा रहा है।'

दादी बोलीं, 'तो स्कूल मत जाओ।' फिर माँ को बुलाकर कहा, 'बच्चे को बुखार है। वह स्कूल नहीं जायेगा।'

'बुखार है?' माँ ने चिंतित होकर कहा और उसे छू-छूकर देखने लगी। सिर और हाथ देखकर कहा कि बदन तो सचमुच बहुत गरम है। अब स्वामीनाथन ने कमज़ोर आवाज़ में कहा, 'मुझे दूध पिला दो जल्दी से, फिर स्कूल चला जाऊँगा। नहीं तो देर हो जायेगी।' माँ ने मना कर दिया। वह फिर बोला, 'पर पिताजी को यह अच्छा नहीं लगेगा।' उसने स्वामी को बिस्तर पर लिटाया और पिताजी के कमरे की ओर चली। भीतर पहुँचकर घोषणा की, 'स्वामी को बुखार है। वह स्कूल नहीं जा सकता।'

'तुमने उसका टेम्परेचर लिया है?'

'अभी तो नहीं लिया। लेकिन एक दिन की छुट्टी करने से कोई फर्क नहीं पड़ता।'

'कुछ भी हो, टेम्परेचर ले लो।' फिर यह सोचा कि उनकी आवाज़ ज़रा तीखी थी, दुबारा इसमें जोड़ा, 'पता लग जायेगा कि डाक्टर को बुलाने की ज़रूरत तो नहीं है।'

स्वामीनाथन के मुँह में आधा मिनट थर्मामीटर रखकर बाहर निकाला गया तो टेम्परेचर सामान्य ही निकला। माँ ने उसे दोबारा मुँह में घुसेड़ दिया। इस बार भी

नार्मल निकला। फिर पिताजी को ले जाकर दिखाया तो वे बोले, 'नार्मल है।... मुझे पता था।' लेकिन माँ ने जवाब में कहा, 'थर्मामीटर भी तो खराब हो सकता है। लड़के को बुखार है। मेरे हाथ से बढ़कर कोई थर्मामीटर नहीं है। मेरे हिसाब से 100.2 डिगरी है।'

'हो सकता है,' पिताजी बोले।

और स्वामीनाथन को जिस समय स्कूल में होना था, वह बिस्तर पर आराम से आँखें बंद किये पड़ा था। किसी के पैरों की आवाज़ सुनकर उसने आँखें खोलीं। पिताजी उसके ऊपर खड़े थे, धीरे से बोले, 'घर में तुम्हारी वकालत करने वाले कितने लोग हैं! स्कूल न जाना चाहो तो साथ खड़े हो जाते हैं।' स्वामीनाथन के लिए यह हमला अचानक और अनपेक्षित था। उसने कराहकर करवट बदल ली।

दोपहर होने तक लेटे रहने से उसके बदन में दर्द होने लगा। क्या शाम तक इसी तरह लेटे रहना होगा? इधर राजम स्कूल में चक्कर लगाकर लौट गया होगा।

वह उठकर माँ के पास गया और कहने लगा कि स्कूल जा रहा है। माँ ने उसे डाँटा। फिर बदन पर हाथ लगाकर कहा कि बुखार कम तो हुआ है लेकिन अभी जाने की हालत नहीं है। स्वामीनाथन बोला, 'अब मुझे बिलकुल ठीक लग रहा है। जाने दो स्कूल।'

स्कूल जाते हुए उसे रास्ते में राजम और मणि मिले। मणि की बगल में मुगदर था। स्वामीनाथन को डर लगा कि कहीं ये कुछ कर न आयें हों।

राजम बोला, 'क्या हुआ तुम्हें, स्कूल क्यों नहीं गये?'

'तुम हेडमास्टर से मिले?'

'नहीं। तुम नहीं पहुँचे तो मैंने न मिलना ही ठीक समझा। मैं चाहता हूँ कि तुम भी मेरे साथ रहो। आखिर तुम्हारा ही तो काम है।'

स्वामीनाथन जब इस स्थिति के दबाव से निकला, तो उसने पूछा, 'और मणि यहाँ क्या कर रहा है?'

राजम बोला, 'पता नहीं। स्कूल पहुँचकर मैंने देखा कि वह मुगदर हाथ में लिये खड़ा है। उसे इस वक्त अपनी क्लास में होना चाहिए था।'

'मणि, तुम क्लास में नहीं गये?

'कोई बात नहीं,' उसने जवाब दिया, 'आज मैं स्कूल नहीं गया।'

'और यह मुगदर क्यों है?'

'अरे, इसे यूँही साथ ले गया था।'

राजम बोला, 'कल तुमसे यह नहीं कहा था कि तुम अपनी क्लास में जाओगे और अपने काम से काम रखोगे?'

'मुझे तो याद नहीं। मुझे अपने काम से काम रखने को तुमने तब कहा था। जब मैंने तुम्हारे साथ चलने की बात कही थी। अब मैं तुम्हारे साथ तो नहीं गया। मैं तो इस रास्ते से निकल रहा था, और तुम भी इसी रास्ते से जा रहे हो। कोई भी सड़क पर चल सकता है।'

मणि का मज़ाक उनके सिर पर से गुजर गया। उनका दिमाग हेडमास्टर से मिलने की समस्या से उलझ रहा था।

मणि ने कहा, 'बच्चे, फिक्र मत करो। मैं तुम्हारी समस्या का हल कर दूँगा। तुम कहोगे तो हेडमास्टर से बात भी कर लूँगा।'

'तुम उसके कमरे में जाओगे तो वह पुलिस बुला लेगा,' स्वामीनाथन ने सावधान किया।

जब वे स्कूल पहुँचे तो मणि से अलग हो जाने को कहा। वह सड़क पर भी इन्तज़ार कर सकता था। राजम हेडमास्टर के कमरे में गया और स्वामीनाथन को ज़बरदस्ती अपने साथ ले गया।

हेडमास्टर मेज़ पर बाहें रखकर उन पर अपना सिर टिकाये सो रहा था। छोटा-सा धूल-भरा कमरा था जिसकी अकेली खिड़की बाहर गली में बनी एक दुकान के सामने खुलती थी। इसमें नक्शों के धूल से अटे गोल बंडल, ग्लोब और टी स्कवायर भरे पड़े थे। मेज़ पर स्याही की दो शीशियों और कई पैडों के ऊपर उसका बेंत तिरछा रखा था। बाहर से धूप की एक पट्टी भीतर आकर हेडमास्टर की नाक और पैडों पर पड़ रही थी। वह आराम से खर्राटे भर रहा था। यह स्थिति ऐसी थी जिसकी राजम ने कल्पना भी नहीं की थी।

'अब क्या करें?' स्वामीनाथन ने फुसफुसाते हुए राजम के कान में कहा।

'ठहरो!' राजम ने हुक्म-सा दिया।

उन्होंने दस मिनट इन्तज़ार किया, फिर पैरों से धीरे-धीरे आवाज़ें करने लगे। हेडमास्टर ने आँखें खोलीं और सिर उठाये बिना दोनों को खाली नज़रों से देखा, जैसे पहचान न पा रहा हो। फिर आँखें मलीं, तीन दफा भौंहें ऊपर-नीचे कीं, अँगड़ाई ली और नींद से भरी गहरी आवाज़ में पूछा, 'तुम लोगों की क्लास नहीं है?' फिर चश्मा ढूँढ़ा और उसे आँखों पर चढ़ाया। अब वह हमेशा जैसा हेडमास्टर दिखाई देने लगा—घूरता हुआ चेहरा और चश्मे से झाँकती आँखें स्वामीनाथन और उसके साथी के मन में डर पैदा कर रही थीं। उसने फिर सवाल किया, 'किस क्लास में हो तुम लोग? आज क्लास नहीं है?'

'मैं आपके स्कूल में नहीं पढ़ता', राजम ने आगे बढ़कर कहा।

'अच्छा, फिर किस आसमान से टपक रहे हो तुम?'

राजम ने उत्तर दिया, 'मैं एम. सी. सी. का कैप्टेन हूँ और काम से आप से मिलने आया हूँ।'

'क्या काम है?'

'यह मेरा दोस्त डब्लू. एस. स्वामीनाथन है जो आपके स्कूल में सैकिंड 'सी' में पढ़ता है।'

'आपसे मिलकर बड़ी खुशी हुई,' हेडमास्टर ने कहा और स्वामीनाथन पर नज़र डाली। राजम को अब महसूस होने लगा था कि बोर्ड हाई स्कूल की ख्याति का कारण क्या है।

'मैं कैप्टेन हूँ एम. सी. सी. का।'

'बड़ी खुशी हुई...'

'यह मेरी टीम में है और अच्छा बाउलर है...

'सचमुच?' हेडमास्टर ने स्वामीनाथन की ओर देखकर पूछा।

'अब मैं अपनी बात कहूँ?' राजम ने पूछा। 'ज़रूर, ज़रूर', हेडमास्टर बोला, 'ईश्वर के लिए, ज़रूर कहिए।'

'बात यह है', राजम ने कहा, 'यह अच्छा बाउलर है और इसे कुछ प्रैक्टिस की ज़रूरत है। वह वक्त पर नहीं आ पाता क्योंकि यहाँ उसे साढ़े चार बजे के बाद भी कुछ करना पड़ता है।'

'तो आप मुझसे क्या चाहते हैं?'

'सर, आप इसे साढ़े चार बजे घर जाने की छूट नहीं दे सकते?'

हेडमास्टर कुर्सी पर जम कर बैठ गया और चुप रहा।

राजम फिर बोला, 'सर, आप क्या कहते हैं? इसे छूट दे सकते हैं?'

'इस स्कूल के हेडमास्टर तुम हो या मैं?'

'सर, आप ही हेडमास्टर हैं। एलबर्ट मिशन में तो साढ़े चार बजे के बाद किसी को एक मिनट भी नहीं रखा जाता। और अगर हम खेलों में हिस्सा लेते हैं तो ड्रिल से छूट मिल जाती है।'

'यहाँ मैं उस घटिया स्कूल के बारे में कुछ नहीं सुनना चाहता। निकल जाओ।'

मणि, जो बाहर खड़ा इन्तज़ार कर रहा था, और देर तक दोनों के बाहर न आने से परेशान होने लगा था, इसलिए वह भी कमरे में घुस आया।

'यह कौन है?' हेडमास्टर ने तुरशी से उसे देखते हुए कहा, 'आप क्या चाहते हैं?'

'कुछ नहीं', मणि ने जवाब दिया और कोने में खड़ा हो गया।

'पता नहीं, हर आदमी जो कुछ भी नहीं चाहता!, मेरे कमरे में क्यों चला आता है?'

‘मैं पुलिस सुपरिन्टेन्डेन्ट का बेटा हूँ’, राजम ने अचानक कहा।

‘अच्छा? उनसे पूछकर बताओ कि जिस दिन ज़रा-ज़रा से बच्चे स्कूल में घुसकर ये सब खिड़कियाँ तोड़ गये, वे क्या कर रहे थे?... और इस लड़के के हाथ में यह क्या है?’

‘मेरा लकड़ी का मुगदर’, मणि ने जवाब दिया।

‘यह इससे हड्डियाँ तोड़ता है। मणि, चलो, स्वामी, चलो। इस पागल से कोई बात नहीं की जा सकती।’

मैच से पहले

एम. सी. सी. ने यंगमैन्स यूनियन को 'मित्रतापूर्ण' मैच की चुनौती दी जिसे उन्होंने तुरंत स्वीकार कर लिया। ये लोग रीडिंग रूम के बगल में खाली पड़ी ज़मीन की पट्टी पर निरंतर अभ्यास करके अपने को खेल के लिए हमेशा चुस्त दुरुस्त रखते थे, और जब कभी ज़मीन के मालिक एतराज़ करते तो कुलम स्ट्रीट के बीचोंबीच खेलना शुरू कर देते थे। यह कहने के सिवा किसी भी तरह मित्रतापूर्ण नहीं था। एम. सी. सी. ने जो चैलेंज भेजा था वह प्रतिरोध और धमकियों से लबरेज़ था।

इसमें कुछ भयंकर शर्तें गिनाई गई थीं। पहली शर्त यह थी कि हर खिलाड़ी को ठीक ग्यारह बजे मैदान में हाज़िर हो जाना चाहिए। दूसरी यह कि वे अपने बल्ले साथ लायेंगे। लेकिन स्टंप एम. सी. सी. प्रदान करने की उदारता दिखायेगा। तीसरी बात सीधे तौर पर शर्त न होकर भी पक्का इशारा थी कि वे लोग ज़रूरत पड़ने पर इस्तेमाल करने के लिए दो गेंदें भी साथ अवश्य रखें। इसका कारण यह बताया गया था कि 'अगर कभी आपके खिलाड़ी हमारी गेंद की जगह अपनी ही गेंद तोड़-ताड़ दें' तो वे काम में आ सकेंगी। अगली कुछ अटपटी-सी शर्त यह थी कि अपने लिए लंच का इन्तज़ाम उन्हें खुद करना होगा–अगर वे दिन में कुछ खाना चाहें तो···। और आखिरी शर्त सबसे ज्यादा परेशानी पैदा करने वाली थी, जिस पर आपस में कुछ बहस-मुबाहसा और सौदेबाज़ी भी हुई–कि जो भी बल्ले, गेंद, विकेट ये लोग तोड़ेंगे, या जो 'दूसरे नुकसान' होंगे, उसकी भरपाई भी खुद ही करेंगे।

यूनियन के कैप्टेन को यह शर्त सही नहीं लगी। उसका कहना था कि शर्तें नं. 2 और 3 के रहते इस शर्त का कोई मतलब नहीं है, और अगर वे कोई अपने बैट या गेंद तोड़ते हैं तो ये तो उनकी अपनी ही चीज़ें होंगी और इनके लिए एम. सी. सी. को परेशान होने की जरूरत ही नहीं होनी चाहिए। जवाब में उससे कहा गया कि स्टंप तो एम. सी. सी. के ही हैं लेकिन यूनियन के शर्त संख्या 2 और 3 की उपेक्षा नहीं करनी चाहिए। इस बात पर यूनियन के कैप्टेन को क्रोध आ गया और पूछने लगा

कि एम. सी. सी. अगर इतना गरीब है तो वह यूनियन के ही पिच पर मैच खेलने क्यों नहीं आ जाते जिससे कहीं और जाने की उनकी तवालत खत्म हो जाय। यह तीखा जवाब देकर यूनियन का कैप्टेन लौट गया, और इसके बीस मिनट बाद राजम को इसका सही जवाब सूझा—कि रीडिंग रूम के साथ वाले पिच पर मैच खेलने में उसके मालिकों के मन में अचानक एतराज़ करने की भावना पैदा हो जाय तो कुलम स्ट्रीट के बीचों-बीच खेलने के लिए एम. सी. सी. तैयार नहीं होगा। वापस जाने से पहले यूनियन के कैप्टेन ने यह भी सवाल किया कि आखिरी शर्त में दूसरे नुकसानों की जो बात कही गई है, उसे भी साफ़-साफ़ बताया जाय कि ये नुकसान क्या होंगे। इस सवाल पर राजम कुछ रुका, चारों तरफ देखा और एम. सी. सी. मैदान से लगी इमारत की खिड़कियों और टाइलों की तरफ इशारा किया।

दो हफ्ते बाद आने वाले इतवार के दिन यह मैच खेला जाना था।

मैच के कारण राजम की शांति भंग हो चुकी थी। उसे पूरा विश्वास था कि एम.सी.सी. यूनियन वालों को बुरी तरह हरा देगा। जहाँ तक उसका अपना सवाल था, वह टीम को शर्मिन्दा नहीं करेगा। मणि ठीक-ठाक था, लेकिन प्रभाव नहीं डालता था। ज़रूरत पड़ती तो वह अपने सिर पर लेकर बाल को रोक सकता था। उसकी बैटिंग भी बुरी नहीं थी। हालांकि उसका खेलने का ढंग कुछ अलग था। अपने बैट से वह विकेट के इर्द-गिर्द पूरी घेराबंदी कर देता था और अच्छा से अच्छा गेंदबाज़ उसके सामने हथियार डाल देता था। टीम के दूसरे खिलाड़ियों के बारे में कुछ सोचना राजम बेकार समझता था। बस, एक ही खिलाड़ी था जिसके बारे में वह रात-दिन चिंतित रहता था। उसके बारे में कुछ कहा नहीं जा सकता था और उसीका खेल सबसे ज़रूरी था, उसी पर सबसे ज्यादा ज़िम्मेदारी थी। वह टीम का टेट था, और दूसरी टीम के ग्यारहों खिलाड़ियों को उसे आउट कर देना चाहिए था। लेकिन वह अस्थिर-सा लगता था। मैच हालांकि दो हफ्ते बाद ही होना था, उसे प्रैक्टिस की कोई चिंता नहीं थी। वह खेल के मैदान में रात का अँधेरा पड़ने पर ही पहुँचता था। राजम ने ज़ोर देकर कहा, 'अब हर रोज़ कम से कम एक घंटा प्रैक्टिस करना शुरू कर दो।'

'राजम, यह तो ठीक है लेकिन कोई रास्ता तो निकले...'

'तुम हेडमास्टर से यह क्यों नहीं कहते...'

'अरे नहीं', स्वामीनाथन ने चिल्लाकर कहा, 'तुम्हारे सुझाव के लिए मैं शुक्रगुज़ार हूँ लेकिन इस आदमी से कोई उम्मीद नहीं करना चाहिए। वह तुम्हारी पिछली मुलाकात को अभी तक नहीं भूला है।'

'मैं परवाह नहीं करता। मैं सिर्फ यह चाहता हूँ कि तुम्हारी प्रैक्टिस अच्छी हो जाय। अगर तुमने किसी भी बल्लेबाज़ को पाँच मिनट से ज्यादा ठहरने दिया तो मैं

तुम्हारा मुँह नहीं देखूँगा। रनों की तुम्हें परवाह नहीं करनी है। उसे तुम हम पर छोड़ सकते हो...'

मैच से सात दिन पहले स्वामीनाथन ने महसूस किया कि उसकी शामें हमेशा से ज्यादा कीमती हो गई हैं। शाम को जैसे ही घंटी बजी वह मैदान में ड्रिल के लिए खड़ा हो गया। लेकिन नियम के अनुसार उसने अपना कोट और टोपी नहीं उतारी। दूसरे सब लड़के सिर्फ कमीज़ पहने थे, और धोतियाँ ऊपर की हुई थीं। ड्रिल मास्टर, जो चौकोर सा आदमी था और जिसका सीना काफी चौड़ा था, बड़ी-बड़ी नोकदार मूँछें थीं, सिर पर फौजी रंग की सिल्क की पगड़ी बँधी थी, इस तरह खड़ा था मानो कैमरे के सामने फोटो खिंचवाने को खड़ा हो। उसने लड़कों पर एक तिरछी नज़र डाली। मानीटर ने उलटन घोड़े पर रखे चिकनाई से सने रजिस्टर को खोलकर एक-एक करके हर लड़के का नाम बोला और हाज़िरी लगाई। इसमें काफी टाइम लगा, इसके बाद ड्रिल मास्टर अपनी जगह से हिला, लड़कों की लाइन के पास आया और एक तरफ से अंत तक हर लड़के पर घूरती नज़र डालते हुए निकला। छोटे कद का होने के कारण स्वामीनाथन लाइन के आखिर की तरफ खड़ा था। ड्रिल मास्टर उसके सामने पहुँचकर रुका, ऊपर से नीचे तक देखा और सख्ती से बोला, 'तुम्हें छुट्टी नहीं मिलेगी। कोट उतारो, टोपी भी उतारो।'

स्वामीनाथन ने तकलीफ ज़ाहिर करते हुए कहा 'सर, मेरी तबियत बहुत खराब है। आज मैं ड्रिल नहीं कर सकता। की, तो गिर पड़ूँगा। सर, मेरा ख्याल है...।' वह ड्रिल मास्टर के पीछे लग गया।

ड्रिल मास्टर लाइन के आखिरी लड़के तक पहुँच गया था लेकिन स्वामीनाथन उसके साथ चल रहा था। वह स्वामीनाथन पर ज़ोर से लपका और बोला, 'तुम्हें क्या हो गया है?'

'सर, आप मेरी मुश्किल समझ नहीं रहे हैं। आप यह भी नहीं जानना चाहते कि मुझे क्या तकलीफ है!'

'अच्छा, हाँ, बताओ, क्या तकलीफ है तुम्हें?'

स्वामीनाथन ने पहले यह सोचा था कि सिरदर्द हो रहा है, बताऊँगा, लेकिन अब उसे लगा कि ड्रिल मास्टर ज़बरदस्त सिरदर्द को भी नहीं बख्शेगा। उसे एक नया विचार आया और वह बोला, 'कल रात-भर मैं डिलीरियम से परेशान रहा।'

ड्रिल मास्टर यह खबर सुनकर दंग रह गया, 'तुम्हें डिलीरियम हुआ है? पागल हो गए हो क्या?'

'नहीं, सर, मैं रात में एक पल नहीं सो सका मुझे डिलीरियम हुआ है। डाक्टर

ने भी बताया है। उसने कहा है, हफ्ते भर ड्रिल मत करो। उसने कहा कि ड्रिल की तो मर जाऊँगा।'

'सुअर, चुप रहो, नहीं तो गला घोंट दूँगा। तुम झूठ बोलते हो। लेकिन तुम काफी ज़िद्दी किस्म के सुअर हो। अच्छा, जाओ।'

इसके बाद का आधा घंटा, जिसमें वह दौड़ता-भागता बदहवास क्रिकेट खेलने पहुँचा, तो उसके लिए बेहद मुश्किल साबित हुआ। लेकिन उसे जल्दी आया देखकर सब बहुत खुश हुए और राजम खुशी से झूम उठा।

मोटे तौर पर सब ठीक-ठाक था लेकिन उसे संदेह था कि ड्रिल मास्टर उसकी जासूसी न करें। इसलिए खेल के बाद वह राजम के घर पर बिलकुल अँधेरा होने तक रुक गया, इसके बाद अँधेरे-अँधेरे में ही, जहाँ भी किसी दुकान से सड़क पर कोई रोशनी पड़ती, उससे बचकर निकलता हुआ अपने घर पहुँचा।

दूसरे दिन सवेरे उसने योजना बनाई कि किस तरह पूरे हफ्ते ड्रिल से बचा जाय। वह डेस्क पर ग्रामर की किताब सामने रखे बैठा था। अभी साढ़े सात बजे थे और स्कूल जाने में दो घंटे बाकी थे।

उसने चुपचाप पड़ताल की कि घर में क्या हो रहा है। माँ बच्चे के कमरे में थीं जहाँ झूला झुलाने की आवाज़ आ रही थी। पिता बाहर अपने कमरे में थे, उनकी मुवक्किलों से बातें हो रही थीं। स्वामीनाथन धीरे से घर से बाहर खिसक लिया।

वह एक दुकान के सामने पहुँचकर रुका, जिस पर साइन बोर्ड लगा था : 'डॉ. टी. केशवन, एल. एम. एन्ड एस. श्रीकृष्ण डिस्पेंसरी।' डाक्टर सड़क के सामने रखी एक लंबी मेज़ के सामने बैठे थे। वे अकेले थे और स्वामीनाथन भीतर घुस गया।

'आओ, स्वामीनाथन, क्या बात है?'

'सर, मैं कुछ काम से आया हूँ।'

'घर पर सब ठीक है?'

'जी, डाक्टर साहब, मुझे फौरन डाक्टर का सर्टिफिकेट चाहिए।'

'तुम्हें क्या हुआ है?'

'मैं आपको सच-सच बता देता हूँ। मुझे अगले हफ्ते यंगमैन्स यूनियन के साथ मैच खेलना है। इसलिए मुझे कुछ प्रैक्टिस करनी है। लेकिन स्कूल में क्लासों के बाद ड्रिल, स्काउटिंग वगैरह करनी पड़ती है। अगर आप मुझे ऐसा सर्टिफिकेट दे दें जिससे मुझे साढ़े चार बजे ही छुट्टी मिल सके तो हम मैच जीत सकेंगे।'

'हाँ, यह मैं कर सकता हूँ। लेकिन इसके लिए तुम्हें कोई तकलीफ है, यह बताना पड़ेगा। तुम्हें कोई तकलीफ है?'

स्वामीनाथन एक सेकिंड रुका, फिर बोला, 'जी, डाक्टर साहब, है। कुछ दिन से मुझे लगता है कि मुझे डिलीरियम है।'

'क्या कहा तुमने?' डाक्टर ने चिंतित होकर पूछा।

स्वामीनाथन को यह देखकर खुशी हुई कि डाक्टर पर उसकी बात का एकदम असर पड़ा, इसलिए उसने कहा कि उसे बहुत ज्यादा तकलीफ है।

'लेकिन क्या सचमुच डिलीरियम हुआ है? डिलीरियम से तुम्हारा मतलब क्या है?'

स्वामीनाथन नहीं चाहता था कि उससे बहुत ज्यादा पूछताछ की जाय। लेकिन उसे डाक्टर की सहानुभूति प्राप्त करनी थी। उसने कहा, 'जी, डिलीरियम ही हुआ है मुझे। मैं ठीक से तो नहीं जानता कि क्या होता है... लेकिन यह एक तरह का पेट-दर्द ही तो होता है...'

यह सुनकर डाक्टर साहब इतनी ज़ोर से हँसे कि उनके पेट में बल पड़ गये और साँस रुकने लगी। जब चुप हुए तो उन्होंने स्वामीनाथन की पलकें खोलकर देखीं, ज़बान खुलवाकर जाँच की, सीने को ठ्क-ठ्क करने परखा, और फिर घोषणा कि वह एकदम चुस्त-दुरुस्त है, फिर राय दी कि ड्रिल करता रहेगा तो सेहत और भी बढ़िया हो जायेगी। डिलीरियम भी खत्म हो जायेगा। स्वामीनाथन ने फिर उसे समझाने की कोशिश की कि किस कारण शाम को छुट्टी पाना उसके लिए बेहद ज़रूरी है। लेकिन डाक्टर ने कहा, 'यह तो ठीक है लेकिन मैं डिलीरियम के लिए सर्टिफिकेट दूँगा तो मुझे जेल जाना पड़ सकता है।'

'पता कैसे चलेगा, डाक्टर साहब! आप चाहते हैं कि एम. सी. सी. मैच हार जाएं?'

'मैं तो तुम्हारी हर तरह सफलता चाहता हूँ! फिक्र मत करो। लेकिन मैं सर्टिफिकेट नहीं दे सकता। मैं तुम्हारे हेडमास्टर से बात करूँगा और उससे कहूँगा कि तुम्हें साढ़े चार बजे छुट्टी दे दी जाया करे।'

'फिर ठीक है, डाक्टर साहब! इससे मेरा काम बन जायेगा। आपका धन्यवाद!'

उस दिन शाम को साढ़े चार बजे, स्काउटिंग की क्लास में भाग लिये बिना, सीधा घर आया और फिर क्रिकेट खेलने चला गया। दूसरे दिन ड्रिल की क्लास थी और इसकी भी उसने परवा नहीं की। वह डटकर प्रैक्टिस करने लगा। राजम ने उसकी पीठ ठोंकी, 'स्वामी, तुम तो लाजवाब हो! तुम्हें बस, प्रैक्टिस की ही ज़रूरत थी। लेकिन ड्रिल के लिए तुमने क्या किया?'

'अरे, मैंने एक मज़ेदार चाल चली। हमारे डाक्टर ने हेडमास्टर से कहा कि

अगर मुझे साढ़े चार पर छुट्टी नहीं दी गई तो मैं मर जाऊँगा। मैंने उससे यह करवा लिया। बताओ, कैसी रही?'

मणि ने उसकी पसलियों में कोहनी मारी और कहा, 'यार मैं मान गया, तुम दुनिया के सबसे चतुर आदमी हो।' राजम भी इस बात से सहमत था, लेकिन उसे एक और चिंता सता रही थी। बोला, 'पता नहीं, हम मैच जीतेंगे या नहीं! हार गये तो मैं तो मर जाऊँगा।'

मणि ने टोका 'ऐ राजम, तुम हमेशा हारने की बात क्यों करते हो? तुम्हारा ख्याल है, ये बंदरमुँह लड़के हमारे सामने टिक सकेंगे?'

'जीत गये तो मैं अखबारों में खबर छपवाऊँगा,' राजम ने कहा।

'ये हमारे फोटो भी छापेंगे?' टेट ने पूछा।

'क्यों नहीं छापेंगे!'

शुक्रवार के दिन भूगोल की कक्षा में हेडमास्टर क्लास में आये। उनके हाथ में बेंत था। शान्त प्रकृति के अध्यापक रामाराव उन्हें देखते ही उठ खड़े हुए। हेडमास्टर ने अपना मुखड़ा सारी क्लास के सामने घुमाया, फिर उल्लू जैसी नज़रें स्वामीनाथन पर टिका दीं और कहा, 'खड़े हो जाओ।'

स्वामीनाथन खड़ा हो गया।

'इधर आओ!'

स्वामीनाथन उनके पास पहुँच गया।

'अपना बेशरम चेहरा सारी क्लास को दिखाओ।'

इस पर स्वामीनाथन ने अपना मुँह छिपाने की कोशिश की। हेडमास्टर ने अपना हाथ आगे बढ़ाकर उसकी गर्दन सख्ती से पकड़ी और उसका चेहरा क्लास के सामने घुमाया। फिर बोले, 'यह महापुरुष ड्रिल और स्काउटिंग जैसी मामूली बातों की परवाह नहीं करता और पिछले सोमवार से गैरहाज़िर रहा है।' यह कहकर वह ओंठ बिचकाकर मुस्कराये। क्लास के लड़के यह सोचकर कि इस पर मुस्कराना ज़रूरी है, हलका-सा हँसे। भूगोल के अध्यापक ने भी दाँत निकालकर अपनी भावना ज़ाहिर की।

फिर हेडमास्टर ने सवाल किया, 'सर, अब आप बतायेंगे कि ऐसा क्यों किया?'

स्वामीनाथन ने मुश्किल से हलक में से आवाज़ निकाली और कहा, 'वह डाक्टर साहब—डाक्टर साहब ने मेरे बारे में आपसे बात नहीं की?'

'कौन से डाक्टर और क्या बात?'

'उन्होंने कहा था कि वे बात करेंगे', स्वामीनाथन ने धीरे से कहा।

'पहेलियाँ बुझाओगे तो मैं सारे क्लास के सामने तुम्हारी ठुकाई करूँगा।'

'डॉ. केशवन ने कहा था...'

'क्या कहा था... ?'

'उन्होंने कहा था कि वे आपसे मेरे बारे में बात करेंगे और ड्रिल वगैरह के क्लास से मुझे छुट्टी दिलवा देंगे। उन्होंने कहा था कि अगर मैंने कुछ दिन तक छुट्टी नहीं की तो मैं मर जाऊँगा।'

'और परेशानी क्या है तुम्हें... ज़रा बताओ।'

'उनका... डाक्टर साहब का ख्याल है कि मुझे एक तरह का डिलीरियम है। जी हाँ...।' डाक्टर से मिलने के बाद से वह यह शब्द बोलना नहीं चाहता था लेकिन आदत पड़ जाने से बोल गया।

हेडमास्टर ने अध्यापक की तरफ मुड़कर अपनी भौहें ऊँची की। कुछ देर रुककर वह बोला, 'इसके बाद तुम मुझे क्या ज्ञान की बातें कहना चाहते हो... इसका मैं इन्तज़ार कर रहा हूँ।'

'सर, मैंने सोचा उन्होंने आपसे बात कर ली है। उन्होंने कहा था कि कर लेंगे...'

'सड़क का कोई भी कुत्ता मुझसे आकर बताये कि मैं अपने स्कूल के लड़कों के साथ क्या करूँ, क्या न करूँ... मैं किसी की परवाह नहीं करता। अच्छा हुआ, यह सर्जन-जनरल नहीं आया। आता तो मैं चपरासी से कहता कि इसका सिर मेज़ से दे मारो।'

स्वामीनाथन समझ गया कि डाक्टर ने उसे धोखा दिया है। उसे डाक्टर की मीठी मुस्कान याद हो आई जो यह बात कहते समय उसके चेहरे पर उभरी थी। वह यह सोचकर काँप उठा कि उस मुस्कान के पीछे कैसा शैतानी चेहरा छिपा था। उसके पीछे डॉ. केशवन का असली चेहरा था। उसने तय किया कि वह डाक्टर को सबक ज़रूर सिखायेगा।... उसकी मेज़ की दराज़ में साँप रख देगा; और अगर वह बुखार से मर भी क्यों न रहा होगा, उसे कभी अपनी नब्ज़ छूने नहीं देगा।

तभी उसके हाथ पर बेंत पड़ा और बदला लेने की योजनाएं बनाने में बाधा आ पड़ी। बेंत हवा में लहराते हुए हेडमास्टर ने हुक्म दिया, 'अपना हाथ सामने करो। हर दिन की गैरहाज़िरी के लिए हर हाथ पर छह-छह बेंत और अगले क्लास तक बेंच पर खड़े रहने की सज़ा। मानिटर, तुम्हें इसकी चौकीदारी करनी होगी। और श्री डब्लू. एस. स्वामीनाथन, याद रखना; अगर फिर एक भी क्लास मिस किया तो मैं तुम्हें स्कूल के हॉल में नंगा खड़ा करके चपरासी से बेंत लगवाऊँगा। तुम मुझे पुलिस सुपरिटेन्डेन्टों, उनके लड़कों, नाती-पोतों या बाबा-दादाओं के नाम लेकर डरा नहीं सकते। मैं हिज़ मेजेस्टी की भी परवाह नहीं करता।' उन्होंने स्वामीनाथन की गर्दन

छोड़ दी और बेंत उठा लिया।

क्षण-भर बाद साँप की तरह ज़हरीला यह बेंत, जोश से भरकर लहराता, स्वामीनाथन की हथेली पर पड़ने जा रहा था। उसके मन में डर, गुस्से और शिकायत का तूफान-सा उमड़ने लगा– वह समझ नहीं पा रहा था कि क्या करने जा रहा है। उसने हाथ आगे बढ़ाकर हेडमास्टर के हाथ से बेंत छीन लिया और खिड़की से बाहर फेंक दिया। फिर लपककर अपनी डेस्क की तरफ गया, किताबें उठाईं और तेज़ी से कमरे से बाहर निकल आया। दौड़कर उसने हॉल और वरांडा पार किया, फाटक पर ताला लगा था, इसलिए चढ़कर बाहर कूद गया और मार्केट रोड पर आ खड़ा हुआ।

अब ज़रा सुस्ताने और यह सोचने के लिए कि यह सब क्या होने लगा, वह सड़क के किनारे एक पेड़ के नीचे बैठ गया। उसने तय किया कि जब तक यह अत्याचारी इस स्कूल में रहेगा, वह स्कूल नहीं जायेगा। पिताजी यह सुनेंगे तो क्या करेंगे, पता नहीं। वे उसके वापस जाने के लिए ज़ोर डालेंगे, लेकिन वह हरगिज़ नहीं जायेगा... इस तरह वह दो स्कूल छोड़ चुका था। मालगुडी में और कोई स्कूल नहीं था। पिताजी को पढ़ने के लिए उसे त्रिचनापल्ली या मद्रास भेजना पड़ेगा। हो सकता है, बोर्ड हाई स्कूल का हेडमास्टर इन स्कूलों में चिट्ठियाँ भेजकर स्वामीनाथन के बारे में बता दे। ऐसा हुआ तो उसे किसी भी स्कूल में दाखिला नहीं मिलेगा। उसे कुछ काम करना पड़ेगा और पैसे कमाने होंगे... इससे उसे रुपये मिलेंगे और वह होटलों में जाकर कॉफी पी सकेगा और जो चाहे, खा सकेगा। अरे, बंबई के आनंद भवन की मिठाइयाँ कितनी मज़ेदार होती हैं! उसके स्टॉल के ऊपर हरी पट्टी लगी है। जिस पर बादामों की तस्वीर बनी है। वह हमेशा यह मिठाई खाना चाहता था लेकिन यह सोचकर कि यह ज़रूर महँगी होगी, होटल के मालिक से इसे खरीदने की हिम्मत नहीं कर सका।... अगर वह स्कूल नहीं गया तो पिताजी घर में नहीं रहने देंगे। वह उसकी पिटाई करेंगे। इसलिए आज वह घर नहीं जायेगा, आगे भी नहीं जायेगा। वह पिताजी के सामने नहीं जा सकेगा। तो फिर वह कहाँ जा सकता है...! कहीं भी जा सकता है! अगर इस मार्केट रोड पर वह सीधे चलता रहे तो कहाँ जा पहुँचेगा? शायद मद्रास पहुँच जाय। और आगे चलता रहे तो क्या वह बंबई पहुँच सकता है, इंग्लैंड पहुँच सकता है?...वह वहाँ कहीं भी काम कर सकता है और पैसे कमा सकता है और जो मन में आये, कर सकता है। अगर वह रेल से जाये...लेकिन इसके लिए पैसा कहाँ से लाये? ज्यादा मुश्किल नहीं होनी चाहिए, स्टेशन मास्टर को वह जानता है और वह अच्छा आदमी है।

स्कूल की घंटी बजी और स्वामीनाथन एकदम उठ खड़ा हुआ। लड़के बाहर आयेंगे, उसे घेर लेंगे और इस तरह देखेंगे जैसे वह कोई अजूबा है।

वह तेज़ी से मार्केट रोड पर चल पड़ा, दायीं ओर मुड़ा और आगे स्मिथ स्ट्रीट होता कई गलियाँ पार करके अपने पुराने स्कूल एलबर्ट मिशन के सामने आकर खड़ा हो गया। गहरे पीले रंग की यह दोमंज़िली इमारत उसे इस वक्त बहुत प्यारी लग रही थी।

वह सोचने लगा कि यह स्कूल छोड़ा न होता, यहाँ की हर चीज़ कितनी शानदार थी! ज़री की पट्टी लगी पगड़ी पहने हेडमास्टर कितने अच्छे लगते थे, उनके सामने बोर्ड स्कूल का हेडमास्टर कितना घटिया लगता है! वेदनायगम और एबेनज़र–हाँ, एबेनज़र भी कितने अच्छे लगते थे। हिस्टरी के अध्यापक डी. पी. पिल्ले कितने घरेलू ढंग से क्लास लेते थे! और सोमू और मटर की याद करके तो स्वामीनाथन की आँखों में आँसू भर आये। उसके सब दोस्त यहीं थे–राजम, मणि, सोमू और मटर, सब खुशमिज़ाज़ पढ़ने-लिखने में अच्छे और स्कूल में भी इनकी कितनी इज़्ज़त थी! लेकिन अब वह इन सबसे अलग जा पड़ा था–जैसे वह कोढ़ी हो! वह कितना अकेला पड़ गया था, अछूत की तरह... यह सोचकर अचानक उसे अपने से नफरत हो आई। अब इस स्कूल में वापस आने के लिए वह कुछ भी कर सकता था। लेकिन उसे वापस नहीं लिया जायेगा...। यह सोचना ही बेकार है। इसके अलावा मालगुडी में और कोई स्कूल था ही नहीं। उसे भाग जाना चाहिए–मद्रास, और वहाँ कुछ काम करने लगना चाहिए। लेकिन भागने से पहले राजम और मणि से मिल लेना ज़रूरी है।

वह स्कूल के फाटक के सामने टहलने लगा, लेकिन भीतर जाने की हिम्मत नहीं जुटा सका। वह तो स्कूल का दुश्मन था। चपरासी सिंगाराम उसे देख लेगा तो हमला कर देगा और बाहर निकाल देगा। वह फाटक पर बनी कंक्रीट की विशाल चौकी के बगल में जा खड़ा हुआ जिससे दूसरों को दिखाई न दे और सोचने लगा कि राजम और मणि से कैसे मिला जाय। कुछ मिनट सोच-समझ कर उसने एक योजना बनाई।

वह घूमकर स्कूल के पीछे की तरफ आ गया। यह भी स्कूल का हिस्सा था लेकिन यहाँ कोई आता नहीं था। यहाँ ज़मीन खाली पड़ी थी जो कुछ दूर आगे रेलवे की इमारतों से मिल जाती थी। स्कूल में बिताये अपने छह-सात सालों में स्वामीनाथन एक दफा भी इधर नहीं आया था। यहाँ स्कूल की चारदीवारी काई से भरी थी और यहाँ से स्कूल की दिशा में देखने पर उसका ऊपरी हिस्सा ही दिखाई देता था। यहाँ से उसके लिए यह बताना मुश्किल था उसका क्लास सेक्शन ए कहाँ है। उसने एक पत्थर खींचकर दीवार से सटाया और उस पर खड़े होकर स्कूल की तरफ नज़र डाली। अब उसे स्कूल का अहाता दिखाई देने लगा। दोपहर के बारह बजे थे, क्लास

चल रही थीं और बाहर कोई दिखाई नहीं देता था। वह इन्तज़ार करने लगा लेकिन थोड़ी देर में थक भी गया। तभी पहली कक्षा से एक छोटा-सा विद्यार्थी नाक साफ करने बाहर आया। इस कक्षा में तीन सेक्शन थे और जहाँ स्वामीनाथन खड़ा था, वहाँ से ये सब दस-बारह गज़ दूर थे।

स्वामीनाथन ने धीरे से सीटी बजाई लेकिन विद्यार्थी ने सुनी नहीं। उसने फिर सीटियाँ बजाईं और अब विद्यार्थी ने सिर घुमाकर इस तरह देखा जैसे कोई भूत देख रहा हो। फिर धीरे-धीरे उसने इधर कदम बढ़ाये, लगता था कोई उसे अपनी तरफ खींच रहा है। वह पागलों की तरह चारों तरफ देखता जा रहा था।

स्वामीनाथन ने उससे पूछा, 'पिपरमिंट की गोली खाओगे—बादाम वाली!'

लड़के को जैसे इस बात पर विश्वास नहीं हुआ। कोई उसे क्यों बादाम वाली गोली देना चाहेगा? ज़रूर इसमें कोई चाल होगी। स्वामीनाथन ने अपनी बात दोहराई और लड़के ने झिझकते हुए 'हाँ' कहा।

'ठीक है', स्वामीनाथन ने कहा, 'लेकिन अभी यह नहीं मिलेगी। इसके लिए तुम्हें मेरा एक काम करना पड़ेगा। दूसरें दर्जे के सेक्शन ए में जाओ और वहाँ राजम नाम के लड़के से कहो कि तुम्हारे घर से कोई आया है, और उसे यहाँ ले आओ। फिर तुम्हें गोली मिलेगी, दो भी मिल सकती हैं।'

लड़का थोड़ी देर चुप खड़ा रहा; जैसे पूरी बात अच्छी तरह समझ लेना चाहता हो। फिर भौंहों पर बल डालकर बोला, 'सेक्शन ए कहां है?'

'पहली मंज़िल पर।'

लड़का यह सुनकर चुप हो गया, जैसे समस्या पर विचार कर रहा हो।

'क्या कहते हो?' स्वामीनाथन ने पूछा, फिर कहा, 'अच्छा, मैं दस तक गिनूँगा, उससे पहले जवाब दे देना। नहीं तो कुछ नहीं मिलेगा। एक...दो...तीन...'

'तुमने ऊपर जाने को कहा?

'हाँ, ऊपर...'

'लेकिन मैं वहाँ कभी नहीं गया।'

'आज जाकर देखो।'

'मुझे रास्ता नहीं मालूम।'

'बस, सीढ़ियों से चढ़ जाना।'

'वे... अगर मैं वहाँ गया, तो मुझे मारेंगे तो नहीं?'

'अगर तुम्हें गोली चाहिए तो यह खतरा तो उठाना ही पड़ेगा। फौरन बताओ, जाओगे या नहीं?'

'ठीक है। जाता हूँ। मेरा इन्तज़ार करना।' यह कहकर लड़का चल पड़ा।

दस मिनट बाद जब वह लौटा, राजम उसके साथ था। दीवार के ऊपर स्वामीनाथन का सिर देखकर उसे ताज्जुब हुआ। 'यहाँ क्या कर रहे हो तुम?'

'दीवार से कूद आओ। मुझे तुम्हारी सख्त ज़रूरत है।'

'मेरी क्लास है। इस वक्त नहीं आ सकता।'

'बेवकूफी की बात मत करो। मुझे बहुत जरूरी काम है तुमसे।'

राजम कूदकर उसके साथ जा खड़ा हुआ।

स्वामीनाथन का सिर दीवार के ऊपर से गायब हो गया। इधर खड़े लड़के ने आवाज़ लगाई, 'और मेरी गोली मुझे दो।'

'अरे, मैं तो भूल गया।' स्वामीनाथन ने सिर निकालकर कहा, 'इधर आओ, यह लो।' यह कहकर उसने तीन पैसे का सिक्का उसकी तरफ फेंका।

'तुमने तो पिपरमेंट की गोली के लिए कहा था,' लड़के ने याद दिलाई।

'मैं तो हज़ार बातें कह सकता हूँ', स्वामीनाथन ने खुश्की से जवाब दिया। 'तीन पैसे काफी नहीं हैं? इनसे तुम गोली खरीद सकते हो।'

'लेकिन तुमने दो गोलियों का वादा किया था?'

'चलो, अब भागो। ज्यादा बहस मत करो सब्जी वाले की तरह। संतोष करना भी सीखो।' यह कहकर स्वामीनाथन पीछे उतर गया।

'राजम, पता है स्कूल में आज क्या हुआ? मैं हेडमास्टर से लड़ आया हूँ और मुझे निकाल दिया गया है। अब मुझे किसी स्कूल या क्लास में नहीं जाना है।'

'तुम हेडमास्टर से लड़ आये?'

'हाँ, वह ड्रिल की हाज़िरी के लिए मुझे पीटने आया, तो मैंने उसका हाथ मरोड़कर बेंत छीन लिया... मेरा ख्याल है कि अब मैं उस स्कूल में कभी नहीं जाऊँगा। अगर गया तो बड़ी परेशानी होगी।'

'कैसे लड़के हो तुम भी! जहाँ भी जाते हो, कोई परेशानी पैदा कर लेते हो। हमेशा, हमेशा...'

'राजम, इसमें मेरी कोई गलती नहीं थी।' यह कहकर अपना पक्ष सही साबित करने के लिए उसने डॉ. केशवन की धोखेबाज़ी की कहानी सुनाई।

'तुममें अकल बिलकुल नहीं है, स्वामी! तुम बिलकुल अनोखे इनसान हो।'

'फिर शाम को प्रैक्टिस में शामिल होने के लिए मैं और क्या करता? यंगमैन्स यूनियन से मैच कोई मज़ाक नहीं है।'

'तुम ठीक कहते हो, स्वामीनाथन! आज सुबह मैंने उनकी प्रैक्टिस देखी। वे सवेरे भी प्रैक्टिस करते हैं। वे बुरे खिलाड़ी नहीं हैं। एक लड़का मुहीउद्दीन है, काला सा–सुनो, उस पर तुम्हें खास नज़र रखनी पड़ेगी। ब्रैडमेन की तरह करता है बैटिंग। उस

पर खास ध्यान देना होगा। एक और है, शनमुगन। खतरनाक बाउलिंग करता है। लेकिन मुहीउद्दीन में एक कमज़ोरी है। लैग साइड में ज्यादा मजबूत नहीं है...। स्वामी, लेकिन ज्यादा फिक्र मत करना। अब तुम्हें सवेरे भी प्रैक्टिस के लिए आना पड़ेगा। कल से आना शुरू कर दो। हमें किसी तरह इनको हराना ही है।'

स्वामीनाथन इस वक्त राजम से आखिरी दफा मिलने आया था, लेकिन अब उसने विचार बदल दिया। राजम अगर उसके बाहर भाग जाने के बारे में जानेगा तो ज़रूर उसे रोकेगा। इसलिए अब वह राजम या मणि किसी को भी कुछ नहीं बतायेगा। अगर उसे रोका गया तो फिर वह रहेगा कहाँ?

मैच के लिए अभी भी दो दिन बाकी थे। वह किसी को भी बताये बिना चला जायेगा, रास्ते में किसी तरह प्रैक्टिस करता रहेगा, मैच के दिन कुछ घंटे के लिए वापस आ जायेगा, इसके बाद फिर गायब हो जायेगा और फिर कभी मालगुडी लौटकर नहीं आयेगा– जिस मालगुडी में उसके ज़बरदस्त गुस्सेवाले पिताजी हैं, और राक्षस जैसा वह हेडमास्टर है... और इस बारे में पिताजी को तो किसी भी तर्क से समझाया नहीं जा सकता। अगर वह घर जाता है तो पिताजी उसकी पिटाई करेंगे, हो सकता है, इतना मारें कि वह मर ही जाये। वह उसे बोर्ड हाई स्कूल वापस भेजने की कोशिश तो करेंगे ही...वो बड़े ज़िद्दी हैं। उसे किसी को बताये बिना मैच के दिन वापस आना पड़ेगा और हो सकता है कि यह करना भी ज़रूरी न हो। उसने अचानक राजम से सवाल किया, 'राजम, तुम मुझे मैच के लिए ज़रूरी समझते हो?'

राजम ने उसे संदेह से देखा और जवाब दिया, 'ऐसे सवाल मत करो मुझसे।' फिर बोला, 'तुम्हारे बिना काम नहीं चलेगा, स्वामी। नहीं, हरगिज़ नहीं। हम तुम पर निर्भर करते हैं। टीम में तुम सबसे अच्छे बाउलर हो। हमें उन लोगों को हराना ही है। अगर हम हारे तो मैं आत्महत्या कर लूँगा। स्वामी, तुमने कितनी उलझनें पैदा कर दी हैं...! स्कूल के बिना तुम और क्या करोगे?'

'मैं कोई काम ढूँढ़ लूँगा, कुछ भी क़रने लगूँगा।'

'तुम्हारे पिताजी जब यह सुनेंगे तो क्या कहेंगे?'

'क्या कहेंगे! यही कहेंगे कि जो हुआ, ठीक है। मुझे परेशान नहीं करेंगे', स्वामीनाथन ने जवाब दिया।

'स्वामी, अब मुझे क्लास में वापस जाना चाहिए। काफी देर हो चुकी है। यह कहकर वह स्कूल की तरफ तेज़ी से दौड़ा, यह कहता हुआ, 'स्वामी, फील्ड में जल्दी आ जाना। अब तुम आज़ाद हो, तुरंत आ जाना...।'

स्वामी ग़ायब

मालगुडी की आखिरी सड़क, एलमान स्ट्रीट पर जो सौ गज़ के बाद सरयू नदी के पास खत्म हो जाती थी, आगे बढ़ते हुए स्वामीनाथन के पिता को शर्म महसूस होने लगी थी। मार्केट रोड के आखिरी हिस्से में देर रात को अभी भी एकाध दुकान की बत्तियाँ जल रही थीं और सड़क के खंभे पर लगी गैस लेंप भी कुछ उजाला कर रही थी। यहां से एलमान स्ट्रीट में प्रवेश करते ही वे अँधेरे में डूब गये, यहाँ एकदम सुनसान था और चारों ओर निस्तब्धता छाई थी। बस, गैस लेंप से पड़ रही हरी तीखी रोशनी की एक किरण कुछ दूर तक हलका-सा प्रकाश फेंक रहीं थी, इसके आगे नदी तक घुप अँधेरा था। म्युनिसिपैलिटी की एक-दो लालटेन ज़रा देर लुप-लुप करके बुझती नज़र आ रही थी।

स्वामीनाथन के पिता को अपने पर ही शर्म आ रही थी। उन्हें सड़क पार करके रेत के मैदान के बाद बह रही सरयू के जल में बेटे के शरीर को ढूँढ़ना था। उनका अपना बेटा स्वामी क्या नदी में डूब गया था? उन्हें यह बात मज़ाक-सी लगती थी लेकिन क्या करते, विवश थे। बेटे का हुआ क्या, अच्छा या बुरा, यह पता करके ही वे घर लौट सकते थे। रात को नौ बजे से घर में मातम छाया हुआ था। उनकी पत्नी और बूढ़ी माँ, दोनों क्षोभ से पागल-से हो उठी थीं। पत्नी तो तालुका दफ्तर में दस का घंटा बजने तक शांत थी, लेकिन इसके बाद भय से उसका चेहरा सफेद पड़ गया और उसने, स्वामी के दोस्तों और अध्यापकों के घर जाकर पता लगाने के लिए, कि स्वामी का क्या हुआ, पति को घर से बाहर ढकेल-सा दिया।

लेकिन हेडमास्टर का घर कहाँ है, उन्हें पता ही नहीं था। वे बोर्ड हाई स्कूल गये और पहरेदार से पूछताछ की और उसके बताये पते को खोजने के लिए आधे घंटे तक गलियों में घूमते रहे। उन्हें मणि का घर भी नहीं मिला। फिर वे राजम के घर गये। वहाँ अँधेरा छाया था, सब लोग सो चुके थे, और उन्हें लगा कि किसी अपरिचित के घर जाकर लोगों से यह पूछना कि क्या उन्होंने उनके बेटे को देखा है, बहुत बेजा बात होगी। बरांडे में सो रहे नौकर से बात करके उन्हें इतना पता ज़रूर लग गया कि उस शाम स्वामीनाथन राजम के घर नहीं आया था। फिर वे सड़कों पर

इधर-उधर यूँ ही घूमते रहे। यह सब वे पत्नी और माँ को संतुष्ट करने के लिए कर रहे थे। दरअसल वे पत्नी की तरह बहुत ज्यादा परेशान भी नहीं थे। उन्हें हमेशा यही लगता रहा कि लड़का कहीं चला गया होगा और ज़रूर वापस आ जायेगा, और तब वे उसे ज़रा सख्ती से डाँटेंगे जिससे यह आदत हमेशा के लिए खत्म हो जाए। इसलिए घंटे-भर इधर-उधर चक्कर लगाकर वे घर लौट आये।

यहाँ उन्होंने देखा कि माँ बिस्तर छोड़कर मकान के बाहर चारों तरफ चक्कर लगाती तिरुपति के ईश्वर से प्रार्थना कर रही है कि पोता अगर सही-सलामत वापस लौट आयेगा तो वे उन्हें कीमती भेंट चढ़ायेंगी। पत्नी भी पत्थर बनी सड़क पर ही खड़ी थी। घर में जो सबसे शांत था, वह था छोटा बच्चा, जो झूले पर आराम से, हलकी-मुलायम साँसें लेता हुआ सो रहा था।

स्वामीनाथन के पिता ने जब पत्नी को खबर दी– कि कोई खबर नहीं है– कि वह सब जगह देख आये हैं और कहीं कुछ पता नहीं चला, तो वे यही कोशिश कर रहे थे कि खुश दिखाई दें और आशावादी बने रहें। लेकिन बहुत जल्द दोनों स्त्रियों की बदहवासी उन्हें भी प्रभावित करने लगी। और वे सोचने लगे कि लड़के को ज़रूर कुछ हुआ है, कोई दुर्घटना हो गई है या कोई अगवा कर ले गया है। वे यही सब सोच रहे थे कि पत्नी ने अचानक पूछा, 'अस्पताल में भी देख आये हो?' – और यह कहकर वह हिस्टीरिया से ग्रस्त स्त्रियों की तरह विलाप करने लगी। यह सुनकर उन्होंने ऊपर से तो शांत रहने का प्रदर्शन किया लेकिन मन में वे सचमुच किसी अस्पताल में पड़े बेटे के शरीर की कल्पना करने लगे। वे दिमाग में घूमती इस तस्वीर को मिटाने की कोशिश करने लगे थे कि माँ ने भी चीखते हुए सवाल पूछ लिया, 'बताओ... जल्दी से बताओ... बेटा कहाँ गया होगा? तुमने उसे सवेरे किसी बात के लिए डाँटा-फटकारा तो नहीं था?'

यह सवाल सुनकर उन्हें क्रोध आने लगा। हर कोई उन्हें ही स्वामीनाथन के गायब होने के लिए ज़िम्मेदार ठहरा रहा था। नौ बजे के बाद से वे हर किसी की हर बात में इसी की ध्वनि सुन रहे थे, हर एक उन्हें संदेह की नज़र से देख रहा था। पर अब उन्हें काफी गुस्सा चढ़ आया और उन्होंने माँ से कहा कि बिस्तर पर जाकर सो जाये और दिमाग में ऐसी फिज़ूल बातें न आने दे। फिर वे अपने ही दिमाग़ में वे सब बातें दोहराने लगे जो उस दिन सवेरे से उन्होंने बेटे के साथ की थीं, और उन्हें यह जानकर बड़ा आश्चर्य और संतोष हुआ कि उस दिन तो वे बेटे से बिलकुल भी नहीं मिले हैं। लड़का सवेरे उठा, पढ़ता रहा, फिर स्कूल चला गया, और इस सारे वक्त वे अपने कमरे में मुवक्किलों से बात करते रहे। फिर वे सोचने लगे कि पिछले दो-तीन दिनों में तो कुछ नहीं हुआ है। उन्हें अपनी याददाश्त पर भरोसा नहीं था, लेकिन पूरी सावधानी से सोचकर देखने पर उन्हें पता लगा कि इन दिनों में भी वे एकदम निर्दोष हैं। उन्हें एक भी ऐसा शब्द या वाक्य याद नहीं आया जो उन्होंने बेटे से कहा

हो और जिसके कारण उसने इस तरह के किसी पागलपन का निश्चय कर लिया हो।

बारह बजने लगे थे और पत्नी का रोना बंद नहीं हो रहा था। उन्होंने उसे धीरज बँधाने की कोशिश की और फिर बाहर जाने को तैयार हुए। चलते समय उन्होंने सामान्य आवाज़ बनाकर पत्नी से कहा, 'मैं फिर उसे देखने जा रहा हूँ। अगर मेरे लौटने से पहले वह आ जाय तो उसे मत बताना कि मैं क्यों और कहाँ गया हूँ। मैं उसके सामने बेवकूफ नहीं बनना चाहता।'

इस दफा वे फुर्ती से अस्पताल की तरफ बढ़े लेकिन उसका लोहे का बड़ा फाटक देखकर ही वापस लौट पड़े। उन्होंने सोचा कि भीतर जाने की कोई ज़रूरत नहीं है, लेकिन सच बात यह है कि उनमें इतना साहस ही नहीं था। उसी खिड़की के पीछे, जहाँ से हलकी-सी रोशनी आ रही थी, स्वामीनाथन का मृत शरीर पड़ा हो सकता था! पूरी हास्पिटल रोड पार करके वे काफी देर तक इधर-उधर की गलियों में घूमते रहे। उनका दिल भारी होता जा रहा था। अंत में मार्केट रोड पार कर वे एलामन स्ट्रीट पर पहुँच गये।

यहाँ से रेत का टुकड़ा पार करके वे नदी के किनारे तक जा पहुँचे। उनकी चाल धीमी हो चली थी। वे अपने को विश्वास दिलाने लगे कि वे जो भी करने जा रहे है, वह मज़ाक ही है। लेकिन हो सकता है कि उनके बेटे की फूली हुई लाश वहीं कहीं सरकंडों और शाखों में फँसी लहरों पर डूब-उतरा रही हो... उन्होंने एकदम आँखें बंद कर लीं और प्रार्थना करने लगे, 'हे ईश्वर... मदद कर...!'

उन्होंने नदी पर दूर तक नज़र डाली, वह मंथर गति से हलके संगीत की ध्वनि करती बह रही थी। किनारों पर खड़े विशाल पीपल के पेड़ रात की शांति में हिल-डुल रहे थे। पेड़ की एक लंबी टहनी की छाया नदी के बहते हुए जल पर पड़ रही थी, जिसे देखकर वे क्षण-भर के लिए काँपने लगे, लेकिन तुरंत ही उनका भ्रम दूर हो गया कि वे जो सोच रहे हैं, वैसा कुछ नहीं है।

इसके बाद यह सोचते हुए कि वे कितने ज्यादा बेवकूफ हैं, वे मालगुडी के रेलवे स्टेशन की तरफ चलने लगे। वे रेल की पटरी से होकर चल रहे थे और बड़े ध्यान से उसके भीतर और इधर-उधर देखते कदम बढ़ा रहे थे। लोहे की पटरियों और उनके बीच लगे स्लीपरों पर उनकी खास नज़र थी। चारों तरफ सुनसान था और कहीं-कहीं से झींगुर और मच्छरों और छोटे-मोटे कीड़े-मकौड़ों की आवाज़ें आ रही थीं। एक जगह पटरी पर गीला-सा कुछ देखकर वे एकदम रुक गये और उँगली से उसे छूकर सितारों की रोशनी में ध्यान से देर तक देखा। नहीं, यह सिर्फ पानी था, खून नहीं—यह निश्चय करके उन्होंने संतोष की साँस ली और ईश्वर को धन्यवाद दिया।

मैच का दिन

मुख्य बड़ी सड़क से बायीं तरफ निकलती एक पतली-सी सड़क पर फलों से लदे छायादार पेड़ देखकर स्वामीनाथन उसी पर मुड़ गया। हरे-भरे पेड़-पौधों के इन झुंडों में तरह-तरह के छोटे-बड़े फल लटक रहे थे। वह इसपर मील भर चला। लेकिन उसे अच्छा नहीं लगा। सारी सड़क वीरान थी और कहीं से कोई आवाज़ सुनाई नहीं दे रही थी। वह सोचने लगा कि मुख्य सड़क पर वापस आ जाय जिस पर कुछ ज़िंदगी तो थी और चल-फिर भी हो रही थी। भले ही कभी-कभी ही कोई निकलता था—धीरे-धीरे आगे बढ़ती बैलगाड़ी, एकाध मोटर कार जिस पर ऊपर और पीछे बक्से और बिस्तर लदे होते थे, और जो आनन-फानन में धूल उड़ाती सामने से निकल जाती; या चार-छह किसानों के सड़क के किनारों पर धीरे-धीरे गुज़रते दल... और बगल की यह हरी-भरी सड़क तो अपनी निस्तब्धता से उसे भयभीत किये दे रही थी। यह भी कि वह घर छोड़कर कई घंटों से चल रहा था, और अब चाहने लगा था कि किसी तरह वापस हो जाय। अब उसे घर की बहुत याद आ रही थी। रसोइया कितनी स्वादिष्ट चीज़ें बनाता था! और माँ किस तरह घी और दही खुद परोसकर खाना खिलाती थी! वह किस तरह खाने के लिए केले के बड़े पत्ते के सामने बैठता, माँ बगल की अलमारी खोलकर दही का बर्तन निकालती, फिर वह सफेद-सफेद मुलायम दही धीरे-धीरे पत्ते में रखे चावलों पर गिरता और चारों तरफ से उन्हें ढक लेता। यह सोचते ही उसे बड़ी ज़ोर की भूख लगने लगी। चलते-चलते उसकी जाँघें भारी हो उठी थीं और कमर में दर्द होने लगा था। उसने ध्यान नहीं दिया लेकिन सूरज की किरणें तिरछी होकर पश्चिम की दिशा में पड़ने लगी थीं और पक्षी अपने घोंसलों को वापस लौटने लगे थे।

जब उसकी भूख असह्य हो उठी, उसने पेड़ों से तोड़कर फल खाये और पास के साफ-सुथरे तालाब से पानी पिया।

कुछ देर उसने आराम किया और घर लौटने के लिए वापस मुड़ा। अब उसे घर ही सबसे महत्वपूर्ण लग रहा था और बाकी सब बेकार। बोर्ड स्कूल में हुई घटना भी

उसे अर्थहीन लगने लगी थी। वह सोचने लगा था कि उसने क्यों उस बात को इतनी गंभीरता से लिया और ये सब परेशानियाँ मोल ले लीं। कैसा बेवकूफ था वह! जब हेडमास्टर ने बेंत उठाया तब उसे चाहिए था कि हाथ आगे कर देता। अगर यह भी न करता तो घर वापस लौट जाता और जो भी हुआ था, सब पिताजी को बता देता। पिताजी उसे डाँटते ज़रूर, लेकिन अगर ज्यादती करते तो दादी और माँ निश्चय ही उसके पक्ष में आ खड़ी होतीं। यह सब डाँट-फटकार भी अंत में उपयोगी ही साबित होती क्योंकि किसी भी मुश्किल का उपाय करने में पिताजी पर विश्वास किया जा सकता है। सब लोग उनसे डरते हैं। और सिर्फ दो दिन की प्रैक्टिस बाकी थी, इसे छोड़ना भी सही नहीं था। अब अगर मैच हार गये तो पता नहीं, राजम क्या कर बैठे!

स्वामीनाथन मुख्य सड़क की दिशा में चल रहा था। वह सोचता था कि वह जल्द ही उस पर पहुँच जायेगा और फिर उसी पर सीधे चलते रहकर मार्केट रोड जा पहुँचेगा, फिर वहाँ से तो वह आँखों मर पट्टी बाँधकर भी घर जा सकता है। इतनी देर से घर पहुँचने पर माँ-बाप नाराज़ तो होंगे ही, लेकिन वह कह देगा कि रास्ता भूल गया था। यह बहाना शायद ठीक न हो! अगर वह यह कहे कि पठान उसे भगा ले गये थे और बड़ी मुश्किलों से उनसे छूटकर आया है...

अचानक उसे लगा कि वह काफी देर से चल रहा है, मुख्य सड़क तो अब तक आ जानी चाहिए थी। इधर-उधर नज़र डालने पर उसने पाया कि वह अभी भी पेड़-पौधों से लदी सँकरी सड़क पर ही चला जा रहा था। अब यह सड़क पहले से ज्यादा लंबी लग रही थी। सचाई यह थी कि वह अजाने में सीधे जाने की जगह एक हलके मोड़ से, जो आगे जाकर मेम्पी फारेस्ट रोड से मिल जाती थी, एक और दिशा में चल पड़ा था। करीब सत्तर मील बाद यह कई छोटी-छोटी पगडंडियों में बँट जाती थी और यहाँ से मम्पी का घना जंगल शुरू हो जाता था। अगर वह इस धोखेबाज़ मोड़ को छोड़ देता तो न जाने कब का मुख्य सड़क पर पहुँच जाता।

रात गहराने लगी थी और उसका दिल भी तेज़ी से धड़क रहा था। यह सोचकर कि वह मुख्य सड़क पर नहीं पहुँच सका है, उसका गला सूखने लगा। पेड़ घने-घने थे और सड़क काफी सँकरी थी। इसके खिलाफ़ मुख्य सड़क बहुत चौड़ी थी और उस पर पेड़ों की टहनियाँ भी नहीं दिखाई देती थीं। लेकिन यहाँ आसमान दिखाई नहीं देता था और सितारे भी वहीं दिखाई देते थे जहाँ पेड़ों के बीच कुछ खाली जगह होती थी। वह बहुत थक चुका था, फिर भी तेज़ी से चलता रहा। थोड़ी दूर तक वह दौड़ा भी, ज़मीन पर बिछे पत्तों पर उसके पैर पड़ते तो सरसराहट की आवाज़ होती थी। यह आवाज़ सुनकर पेड़ों में छिपी चिड़ियाँ घोंसलों से निकलकर फड़फड़ाने लगतीं। यहाँ के गहरे अँधेरे और शांति में ये आवाज़ें डरावनी हो उठतीं।

स्वामीनाथन सचमुच बहुत डर गया और चुप खड़ा हो गया। वह मुख्य सड़क पर कैसे पहुँचे, जिससे घर के मार्ग पर जा सके! रात के बारह भी बज जायें लेकिन उसे मुख्य मार्ग पर पहुँचना ही होगा। उसका चौड़ापन और खुलापन मन में भरोसा पैदा करता था। लेकिन यहाँ नीचे से ऊपर तक एक-दूसरे पर गिरते, गुँथे-गुँथे से छोटे-बड़े पेड़-पौधे सड़क को अँधेरी लंबी गुफा की शक्ल दे रहे थे जिस पर जैसे कोई भूत-प्रेत सवार था।

चिड़ियों की आवाज़ें थम गईं। उसने आगे बढ़ना शुरू किया। वह धीरे-धीरे चल रहा था जिससे पत्तों की आवाज़ न हो और चिड़ियाँ फिर चीं-चीं करने लगें, हालांकि उसकी इच्छा भागने की हो रही थी, जितनी तेज़ी से भाग सके, भागे और मुख्य सड़क से होता हुआ घर पहुँच जाय। धीरे-धीरे आगे बढ़ने या तेज़ी से भागकर रास्ता तय करने, इन दोनों बातों के मानसिक संघर्ष में उसके बदन की नसें ज़ोर-ज़ोर से फड़कने लगीं—उसे लगता था कि वह बहुत तेज़ तूफान में रस्सी के ऊपर चल रहा है।

उसके कान भी ज़रूरत से ज्यादा सतर्क हो गये थे। उसके पैरों की जो आवाज़ें होतीं, हर आवाज़ का एक-दूसरे से जो फर्क होता, उसको भी वह आसानी से पकड़ लेता। ज़मीन पर उसके पैर बहुत हलके पड़ते तो भी नीचे पड़ी पत्तियों या टहनियों के अनुसार कभी मामूली और कभी उससे ज़रा ज्यादा खट या सर-सर होती थी और पत्तियाँ सूखी होतीं तो कुछ और तरह की आवाज़ होती। कहीं-कहीं साफ ज़मीन के टुकड़े होते तो वहाँ 'थड' की आवाज़ आती या चिट-चैट, या पिट-पैट, पिट-पैट की लगातार आवाज़ें निकलतीं। हर आवाज़ स्वामीनाथन के कानों में घुसती चली जा रही थी। काफी देर तक वह इन आवाज़ों के अलावा और किसी बात के प्रति सचेत नहीं था। उसके पैर पिश-पिश-पिश-पैट-पिट-पैट की ध्वनियाँ करते आगे बढ़ते जाते और ये सब लगातार उसके दिमाग में एक-दूसरे के ऊपर जमती चली जा रही थीं। लगता था, कोई फुसफुसाकर कुछ कह रहा है और उसे किसी भयंकर घटना की ओर लिये जा रहा है। उसे इस संभावना में कोई संदेह नहीं रहा। जैसे किसी की आवाज़ उसे पुकार रही थी, 'स्वामी...स्वामी...स्वामी...स्वामी...' और फिर किसी बलिदान की ओर संकेत करती थी। कोई दैत्य था जो उसके पीछे-पीछे चुपचाप चल रहा था और एक ही बात उसके कानों में बार-बार कहता चला जा रहा था। वह रुक गया और चारों तरफ देखने लगा। एक बड़ा-सा राक्षस बैठा था, उसके लंबे काले पैर सामने फैले थे और हाथ सिर के ऊपर बँधे थे। वह थोड़ा-सा हिला। वह डर के कारण उससे नज़रें नहीं हटा पा रहा था कि कहीं राक्षस उस पर हमला न कर दे। वह ज़मीन पर बुत बना खड़ा था और सामने देखे जा रहा था। लेकिन जैसे ही उसने सिर

घुमाकर देखा, इसने फुसफुसाना बंद क्यों कर दिया? वह घूरे जा रहा था, इस तरह पाँच मिनट गुज़र गये। फिर जब डर का पहला दौर खत्म हुआ, उसने पाया कि राक्षस पेड़ों के बड़े-बड़े तनों और उनके ऊपर फैली टहनियों और पत्तियों का बना है।

वह फिर आगे चलने लगा। वह मुख्य सड़क से कुछ ही गज़ की दूरी तक पहुँच गया था और इससे आगे वह गाता हुआ चलेगा। उसने अपने से पूछा कि मुख्य सड़क पर पहुँचकर वह थोड़ी देर आराम करेगा या बिना रुके चलता ही चला जायेगा। उसके पैर जैसे पत्थर हो गये थे। उसने तय किया कि मुख्य सड़क पर पहुँचकर वह कुछ देर आराम करेगा। अब डर की कोई बात नहीं थी। मुख्य सड़क रात को बारह बजे भी सुरक्षित थी। अगर उसने कुछ देर आराम कर लिया तो फिर वह दौड़ लगाकर भी घर पहुँच सकेगा।

वह एक खुली जगह पर आ पहुँचा। ऊपर चमकते सितारे दिखाई दे रहे थे। सामने सड़क ज़रा-सी मुड़ गई थी। कहीं अँधेरा नहीं था और न पेड़-पौधों के झुंड थे। यह जानकर उसने चैन की साँस ली कि वह मुख्य सड़क पर पहुँच गया है। यह बिलकुल मुख्य सड़क जैसी ही दिखाई देती थी। ऊपर साफ दिखते चमकते सितारों ने उसमें नई जान भर दी। उन लाखों सितारों को देखते हुए उसका मन हुआ कि वह कुछ गाने लगे। वह सुकून से भर उठा था। सँकरी, खतरनाक, पेड़-पौधों से भरी सड़क पीछे छूट गई थी। यह ज्ञान होते ही उसकी शक्ति वापस लौट आई। उसने तय किया कि आराम करके वह समय बरबाद नहीं करेगा। उसमें आगे चलने की ताकत महसूस होने लगी। लेकिन तभी उसे कुछ बेचैनी-सी हुई। उसे स्पष्ट याद आया कि दूसरी सड़क मुख्य सड़क की दायीं तरफ से शुरू होती थी। लेकिन यहाँ तो यह सीधी सामने चली जा रही थी। पहले तो वह एक क्षण के लिए स्तब्ध रह गया लेकिन फिर सोचा कि शायद यह दूसरी सड़क ही आगे जा रही है, जिस पर उसने पहले ध्यान नहीं दिया था। जो हो, मुख्य सड़क तो दायें कोण पर ही मिलनी चाहिए। और यदि वह यहाँ से दायीं तरफ मुड़ जाये तो घर ज़रूर पहुँच जायेगा। उसने दायीं और बायीं दोनों तरफ देखा, लेकिन कहीं कोई सड़क नहीं दिखाई दी। उसने सोचा कि रात होने की वजह से शायद वह मुख्य सड़क को नहीं देख पा रहा है। सड़क कहीं ज़रूर होनी चाहिए। वह दायीं तरफ मुड़ा, एक-दो कदम आगे बढ़ाये, कि घुटनों तक गहरे गड्ढे में जा पड़ा। फिर भी वह आगे बढ़ता रहा। लंबी ऊँची घास उसके गालों को छू रही थी और कई जगह घास-फूस से बिलकुल ही दब गया। यहाँ से वह घूमा और सड़क पर जा खड़ा हुआ।

अब उसकी समझ में आया कि क्या हुआ है। वह काफी दूर एक और सड़क पर जा

पहुँचा था। और चारों तरफ अँधेरा था। अभी तक तो उसे यह आशा थी कि वह मुख्य सड़क की ओर ही जा रहा है, इसलिए वह चलता चला जा रहा था। लेकिन अब यह भ्रम दूर हो गया तो भय से वह बेहोश होने लगा। जब उसे यह ज्ञान हो गया कि मुख्य सड़क यहाँ से बहुत-बहुत दूर है, उसके पैरों ने एकदम जवाब दे दिया। फिर भी वह, यह जानते हुए भी कि यह चलना निरर्थक है, वह कदम बढ़ाता रहा। वह आधे बेहोश आदमी की तरह आगे जा रहा था। रात का यह अजीब माहौल, जब एक पत्ते की आवाज़ भी बड़ी दूर तक गूँजती लगती थी, उसे लीलता जा रहा था। यहाँ मनुष्यता खत्म हो गई लगती थी। वह जैसे खतरों से भरी किसी अप्राकृतिक अमानवीय दुनिया में चला जा रहा था। यह भावना उत्पन्न होते ही वह खाली बोरे की तरह ज़मीन पर गिर पड़ा और ज़ोर-ज़ोर से रोने लगा। वह पिता, माँ, दादी, राजम और मणि के नाम ले-लेकर चिल्लाने लगा। उसकी तीखी, दर्दनाक आवाज़ें दूर-दूर खड़े भुतहा आकारों में, जो पेड़ या शैतान या नरक के दरवाज़े, कुछ भी हो सकते थे, उनमें जाकर डूब जाती थीं। फिर वह जिन-जिन देवताओं को जानता था, उनके नाम ले-लेकर प्रार्थना करने लगा कि यहाँ से किसी भी तरह से बाहर निकालें। उसने वादा किया कि वह सबको भेंटें चढ़ायेगा : हर शनिवार को हाथी के मुख वाले गणेश जी पर दो नारियल चढ़ायेगा, और धूल में लोट-लोटकर भगवान तिरुपति के मंदिर में पहुँचकर उनकी आरती करेगा। फिर कुछ देर तक रुककर उसने इन्तज़ार किया कि देवता उसे रास्ता दिखाने के लिए आते हैं या नहीं।

उसके दिमाग में तरह-तरह के अजीबोगरीब ख्याल भाग-दौड़ करने लगे। उसे पीछे किसी के भारी पैरों की आवाज़ सुनाई दी, घूमकर देखा तो एक हाथी उसकी तरफ चला आ रहा था। उसके बड़े-बड़े दाँत दिखाई दे रहे थे। वह चीखता हुआ दौड़ता चला आ रहा था, रास्ते में रुककर उसने अपनी शक्तिशाली सूँड़ से एक पेड़ को उखाड़ लिया और घुमा कर सामने फेंक दिया। उसकी छोटी-छोटी आँखें गुस्से से लाल हो रही थीं और वह दाँत नीचे किये सिर उठाये हमला करने को बिलकुल तैयार था। यह देखकर स्वामी एक तरफ झुककर लुढ़क गया और हमले से बच गया। वह देर तक ज़मीन पर पड़ा हाँफता रहा, उसके कपड़े पसीने से तर हो गये थे। फिर उसे किसी और जानवर के पैरों की और गरजने की आवाज़ सुनाई दी और उसके यह देख पाने से पहले कि कौन है, जानवर ने पीछे से गर्दन में दाँत गड़ाकर उसे पकड़ने की कोशिश की और मुँह पर गर्म-गर्म साँस छोड़नी शुरू कर दी। लेकिन उसने तेज़ी से अलग होकर अपने को छुड़ा लिया। और गर्दन नीचे करके ज़मीन पर चित लेट गया। इस तरह उसने इस काले-पीले चीते से अपने को बचा लिया। फिर उसने देखा कि एक तेंदुआ, एक शेर, एक ह्वेल मछली और बहुत-से हाथी झुंड

बनाकर उस पर हमला कर रहे हैं और सबने चारों तरफ से उसे घेर लिया है। और उसके पैरों पर यह चिपचिपाती क्या चीज़ लिपटती चली जा रही है? वह यह देखकर काँपने लगा कि एक भयंकर कोबरा फन उठाये सामने खड़ा है। एक और बड़ा सा कीड़ा उसकी तरफ लपकता चला आ रहा था। दोनों के बीच वह बुरी तरह फँस चुका था। उसने ज़ोर की एक चीख मारी और किसी तरह खड़े होकर तेज़ी से भागना शुरू कर दिया। वह मुड़-मुड़कर पीछे देखता भाग रहा था और कोबरा भी उतनी ही तेज़ी से उसका पीछा कर रहा था। बचने का कोई उपाय नहीं था और उसने अपनी सारी शक्ति लगाकर दुगनी तेज़ी से भागना शुरू कर दिया...

उसने विकेट छू लिया था और वापस लौट रहा था। दो रन! वह बैट पकड़े खड़ा हो गया। यंगमैन्स यूनियन के कैप्टेन ने बाउलिंग की और उसने छक्का दे मारा। सब खुशी के मारे उछलने लगे। राजम तो इतना खुश हुआ कि फील्ड के चक्कर लगाने लगा। और दीवार को तीन बार छलांगें लगाकर पार किया। अब दूसरी बॉल फेंकी गई तो स्वामीनाथन ने उसे बैट से न रोककर सिर से रोक लिया। बॉल लौटकर बाउलर की तरफ चली। यह तो बोर्ड हाई स्कूल का हेडमास्टर था! लेकिन स्वामीनाथन ने दौड़कर इसे बीच में ही पकड़ लिया, और हाथ ऊपर उठाकर इतनी तेज़ी से कैप्टेन की तरफ फेंका कि वह क्षण-भर में उसके सिर पर जा लगी और उसे चकनाचूर करके रख दिया। एम. सी. सी. मैच जीत गया था, जिसके बाद उसके खिलाड़ियों ने बल्ले और पत्थर मार-मारकर यूनियन वालों को मैदान से बाहर खदेड़ दिया—और यह देखकर स्वामीनाथन इतनी ज़ोर-ज़ोर से हँसा कि वह खुद बेहोश होकर ज़मीन पर गिर पड़ा।

शनिवार को सवेरे रंगा अपनी बैलगाड़ी लिये मेम्पी जंगल से पाँच मील इस तरफ अपने गाँव वापस आ रहा था। रात को दो बजे वह मालगुडी से चला था जिससे दोपहर बारह बजे तक गाँव पहुँच सके। वह मेम्पी फारेस्ट रोड का लंबा रास्ता तय कर चुका था और बैलों की रस्सी गाड़ी से बाँधकर थोड़ी देर आराम करने को उसी में लेट गया था। बैलों के धीरे-धीरे चलने और घंटी की मधुर आवाज़ सुनकर उसे एकदम नींद आ गई।

अचानक बैल एक झटका देकर रुके। रंगा जाग उठा और बैलों को तेज़ी से चलाने के लिए जो आवाजें दी जाती हैं और उलटे-सीधे शब्द बोले जाते हैं, ये सब कहकर उन्हें चलाने की कोशिश करने लगा। उसने रस्सी भी ज़ोर से खींची लेकिन बैल वहीं खड़े रहे, वे टस से मस नहीं हुए। रंगा गुस्से से नीचे उतरा कि बैलों की खिंचाई कर सके, लेकिन सामने सड़क पर एक आदमी को पड़ा देखकर एकदम रुक

गया। वह ज़ोर से बोला, 'अरे, महा आलसी, उठो और रास्ता छोड़ो। सोने के लिए यही जगह मिली है।... सुनाई नहीं देती मेरी आवाज़?' लेकिन अपनी बात का कोई असर न होते देखकर आगे बढ़ा, कि धक्के मारकर उसे सामने से हटा दे।

'अरे, यह तो बच्चा है? यहाँ क्यों सो रहा है?' यह कहकर नीचे झुककर उसे देखने लगा तो बोल उठा, 'शिव, शिव! यह तो मर गया लगता है।' उसके पैर और हाथ, और शरीर के खुले हुए भाग, सवेरे की ओस से गीले हो रहे थे। उसने बच्चे की कमीज़ फाड़ दी और भीतर हाथ डालकर बदन को छुआ, तो वह अभी गरम था। वह इस स्थिति के बारे में सोचने लगा। कपड़ों से अच्छे घर का लग रहा यह शहर का बच्चा यहाँ इतनी दूर ऐसे क्यों पड़ा है–जैसे मर गया हो। यहाँ यह कैसे पहुँचा?–ऐसे बहुत से सवाल उसके मन में आने-जाने लगे। राक्षसों के बारे में कहा जाता है कि वे लोगों को उठा ले जाते हैं और दूर कहीं छोड़ देते हैं। यह भी ऐसा ही हो सकता है–नहीं भी हो सकता है। फिर उसने यह सोचकर इस समस्या पर सोचना बंद कर दिया कि पढ़े-लिखे लोग ही ऐसी समस्याएं सुलझा सकते हैं, इसलिए उसने जंगल से पाँच पत्थर पहले ट्रेवलर्स बंगले में रहने वाले सरकारी अफसर पर यह मामला छोड़ देने का फैसला किया। अब रंगा का काम यही था कि लड़के को अफसर के पास तक पहुँचा दें। उसने सावधानी से उसे उठाया और गाड़ी में ले जाकर लिटा दिया।

इसके बाद वह अपनी सीट पर जा बैठा, रस्सी हाथों में पकड़ी; पैर उठाकर बैलों के पेट में ठोका, और रस्सी में ढील देकर उन्हें तेज़ी से चल पड़ने का मशवरा दिया, और यह भी साफ कर दिया कि इस वक्त अगर उन्होंने ढील दिखाई तो वह गरम लोहे की सलाख उनके पेट में घुसेड़ देगा। बैलों ने इस मशवरे को सही मान कर अपने को तैयार किया और ऐसी रफ्तार से दौड़ना शुरू कर दिया जो विशेष अवसरों के लिए सुरक्षित रखी जाती है।

स्वामीनाथन ने आँखें खोलकर सामने देखा। वह अपनी स्थिति को समझ नहीं पा रहा था। पहले तो उसे यही लगा कि जहाँ वह हमेशा होता है, यानी घर पर, वहीं इस वक्त भी है। फिर धीरे-धीरे उसका दिमाग़ साफ होने लगा और पिछली बातें एक-दूसरे में गड्डमड्ड होकर याद आने लगीं। उसने आँखें झपकाईं और बाहें उठाकर चारों तरफ महसूस करने की कोशिश की। कमरे में रखी चीज़ों को गौर से देखा। दिमाग़ को चेतन रखना मुश्किल हो रहा था। सामने दीवार पर टँगी तस्वीर को देखकर–या वह कैलेन्डर था–उसने यह समझने की कोशिश की कि क्या यह वही चीज़ है जो घर पर उसके अपने कमरे में टँगी रहती है? वह इसका एक-एक हिस्सा देखकर समझने की कोशिश कर रहा था, कि अचानक उसका दिमाग़ थक गया और उसके

विचार फिर गड़बड़ाने लगे। दीवार पर क्या सचमुच कुछ टँगा है? वह मुश्किल से कुछ समझ पाने की कोशिश कर रहा था... कि उसे लगा, सामने कुर्सी पर कोई बैठा है। उसे जगता देखकर वह शक्ल आगे बढ़ी और कहने लगी, 'ठीक है, बेटा! अब तुम कैसा महसूस कर रहे हो?' ये शब्द उन कानों में पड़े जो अभी जीवन के प्रति सचेत नहीं हुए थे। स्वामीनाथन को लगा कि उसके पिता ही उसके सामने बैठे हैं। उसे ताज्जुब हुआ कि इस तरह वे उसके पास क्यों बैठे हैं।

'पिताजी', वह ज़ोर से बोला।

'पिताजी अभी तुमसे मिलेंगे। फिक्र मत करो।' यह कहकर उस आदमी ने उससे कुछ सवाल किये जो ऐसी स्थिति में किसी से भी किये जा सकते हैं। इनका जवाब देने में स्वामीनाथन ने बहुत देर लगाई और जो भी जवाब दिये, वे इतने उखड़े-पुखड़े और अर्थहीन थे कि कुछ भी समझ पाना संभव नहीं था, लेकिन यह आदमी गुस्सा होने के बजाय उनका मज़ा ही लेता रहा और अंत में सवाल पूछना ही बंद कर दिया। स्वामीनाथन ने पिछले दिनों जो समस्याएं झेली थीं, उनके कारण वह बहुत कमज़ोर हो गया था। यह आदमी कौन है? यह पिताजी हैं क्या? नहीं हैं तो यहाँ मेरे पास क्यों बैठे हैं? और अगर हैं तो भी यहाँ इस तरह क्या कर रहे हैं? कौन हैं यह और क्या कह रहे हैं? और ज़ोर से क्यों नहीं बोलते?

इसके बाद पिता-या-न पिता वाला आदमी कमरे से बाहर चला गया। यह था ज़िला फारेस्ट आफिसर एम. पी. एस. नायर, जो इस वक्त मेम्पी जंगल का दौरा कर रहा था। दिन भर वह जंगल में घूमता रहा था और शाम को सात बजे ही टैवलर्स बंगले में वापस लौटा था, कि उसे लड़के के बारे में खबर दी गई। अब तक उसने अपने भारी-भरकम कपड़े भी नहीं उतारे थे। कई घंटे दवा-दारू करने के बाद लड़के को होश में लाया गया। लेकिन अभी भी वह अपने बारे में कुछ बताने लायक नहीं हुआ था। अगर लड़के की बातों पर विश्वास किया जाता तो वह ऐसी किसी जगह का रहने वाला था जिसका न तो उच्चारण करना संभव था और न यह कि वह दुनिया के पर्दे पर कहाँ है।

दूसरे दिन सवेरे मि. नायर ने देखा कि लड़का उठ बैठा है और कुछ करने भी लगा है। वह बाहर एक पेड़ से कुछ दूरी पर खड़ा है, पैरों के पास बहुत से पत्थर पड़े हैं, वह एक पत्थर उठाता है, पीछे हटकर पेड़ में मारता है, और उसे पेड़ सें टकराते देखता है। यह काम वह बार-बार करता जा रहा है।

'गुड मार्निंग, यंग मैन,' मि० नायर ने उसकी तरफ बढ़ते हुए कहा। 'अब कैसे हो तुम?'

'मैं आपका कृतज्ञ हूँ, सर, आपने मुझे बड़ी परेशानी से बचा लिया है।'

'अरे हाँ... तुम कुछ कर रहे हो?'

'मैं प्रैक्टिस कर रहा हूँ, सर! हमें यंगमैन्स यूनियन के साथ मैच खेलना है और बाउलिंग के लिए राजम मुझ पर निर्भर करता है। मैं टीम का टेट माना जाता हूँ। मैं बहुत दिन से प्रैक्टिस नहीं कर पा रहा हूँ। मैंने गलती की कि मैच पास आ गया पर प्रैक्टिस नहीं की... आज क्या दिन है, सर?'

'क्यों जानना चाहते हो यह?'

'बताइये न सर! मैं जानना चाहता हूँ कि मैच में कितने दिन बाकी हैं।'

'आज इतवार है।'

'क्या? इतवार है आज?' स्वामीनाथन एकदम उठ खड़ा हुआ। इतवार? इतवार! वह लाचारी से ज़मीन पर पड़े पत्थरों को देखने लगा।

'क्या बात है?'

'इतवार को ही तो मैच है', स्वामीनाथन ने हकलाकर कहा।

'अरे नहीं, इतवार नहीं है आज। आज शनिवार है। एक दिन है अभी मैच में।'

'पहले तो आपने इतवार कहा था!'

'गलत कह गया था मैं... ज़बान फिसल गई थी।'

'सर आप मुझे कल तक मैदान में पहुँचा देंगे?'

'हाँ, हाँ। आज शाम को ही। लेकिन यह तो बताओ कि तुम कहाँ रहते हो और किसके बेटे हो?'

वापसी

इतवार को दोपहर के साढ़े तीन बजे थे। एम. सी. सी. और यंगमैन्स यूनियन का मैच हो रहा था। यूनियन ने टॉस जीत लिया था। और दो बजे तक छियासी रन बनाकर आउट हो गये थे। कैप्टेन ने सबसे ज्यादा, बत्तीस रन बनाये थे। एम. सी. सी. के पास उसे बाउल करने वाला कोई खिलाड़ी नहीं था और वह पहलवान की तरह विकेट पर खड़ा, बायें और दायें हिट लगाकर हरेक बाउलर को पछाड़ रहा था। वह घंटों डटा रहा, और उसके बाद वाला बल्लेबाज़ भी ज़बरदस्त था, लेकिन वह रन बनाने में माहिर नहीं था। उसने एम. सी. सी. की बची-खुची हिम्मत भी पस्त कर दी, और राजम को अच्छे बाउलर की कमी बहुत खटकती रही।

इन्टरवल के बाद ढाई बजे खेल फिर शुरू हुआ और एम. सी. सी. की बैटिंग के पहले घंटे में रनों का स्कोर आठ की मामूली संख्या पर जाकर अटक गया था, और पहले तीन खिलाड़ी एक-के-बाद एक फटाफट आउट हो चुके थे। राजम और मणि ने अभी तक बैटिंग नहीं की थी। राजम भारी दिल लिए मैच देख रहा था और हरेक को बुरा-भला कहता जा रहा था। मैच ठीक साढ़े पाँच बजे खत्म हो जायेगा, सिर्फ दो घंटे बचे हैं, बाकी आठ खिलाड़ी मैच ड्रा करने के लिए अठहत्तर रन बना पायेंगे या नहीं? यह मुश्किल ही लगता था। निराशा में वह सोच रहा था कि अगले छह खिलाड़ी कुल बीस रन नहीं कर पायेंगे। फिर मणि और खुद वह रह जायेंगे खेलने वाले। वह सोचने लगा कि हो सकता है, छक्के और बाउंडरियाँ मारकर दोनों चालीस-चालीस रन पीट लें—यह सोचकर क्षण भर के लिए वह खुश हो उठा।

अपनी टीम के खिलाड़ियों के साथ वह दीवार के पास छाया में बैठा था।

तभी ऊपर से आवाज़ आई, 'राजम, एक मिनट के लिए यहाँ आओ।' राजम ने सिर उठाया तो देखा कि उसके पिता दीवार के पीछे से पुकार रहे हैं। वह बोला, 'बहुत ज़रूरी है, पिताजी?'

'हाँ, है। मैं तुम्हें एक मिनट से ज्यादा नहीं रोकूँगा।'

वह दीवार फाँद कर पिताजी के पास पहुँचा तो उन्होंने एक चिट्ठी उसे पकड़ाई।

उसने सरसरी नज़र से चिट्ठी को देखा और पिताजी को यह कहकर वापस लौटा दी, 'तो वह सुरक्षित और ठीक-ठीक है लेकिन वहाँ कर क्या रहा है?' एक सेकिंड रुककर वह वापस चला आया।

'मैं यह चिट्ठी स्वामीनाथन के पिता को भेजे दे रहा हूँ। वे किसी की कार लेकर वहाँ पहुँच जायेंगे। मैं भी साथ चला जाऊँगा। तुम भी चलोगे?'

राजम एक मिनट चुप रहा फिर निश्चय से बोला, 'नहीं।'

'तुम अपने दोस्त को देखना और उसे वापस लाना नहीं चाहते?'

'मुझे परवाह नहीं', यह कहकर राजम अपने साथियों में शामिल हो गया। वह फिर दीवार के पास छाया में जा बैठा। चौथा खिलाड़ी अच्छा खेल रहा था। राजम मणि से फुसफुसाकर कहने लगा, 'यह तो बुरा नहीं खेल रहा। छह रन बना लिये...वाह!'

'ये लोग अगर पचास तक बना लें तो हम बाकी पूरे कर लेंगे।'

राजम ने सिर हिलाकर हामी भरी लेकिन उसके दिमाग़ के किसी कोने में एक और बात चल पड़ी थी। पिताजी की खबर ने उसमें एक खलबली-सी मचा दी थी। उसे इच्छा हुई कि जो उसने सुना है, मणि को भी बता दे। वह कहने को हुआ, 'मणि, मालूम है, स्वामी..., और इसके बाद वह यह सोचकर चुप हो गया कि उसे तो अब स्वामीनाथन में कोई दिलचस्पी रही ही नहीं है। लेकिन मणि यह सुनते ही चौकन्ना होकर बोला, 'स्वामी क्या...क्या बात है उसकी... राजम, मुझे बताओ। क्या वह मिल गया?'

'पता नहीं।'

'अरे, राजम, तुम उसके बारे में अभी-अभी कुछ कह रहे थे।'

'कुछ नहीं कह रहा था। मुझे उसकी परवाह नहीं।'

स्वामीनाथन यहाँ लौट कर सुरक्षा और खुशी महसूस कर रहा था। उससे मिलने बहुत से लोग चले आ रहे थे जो उसे अच्छा लग रहा था। उसकी दादी और माँ उसी के चारों ओर चक्कर लगा रही थीं, और उसे यह देखकर भी संतोष हो रहा था कि बच्चा एक कोने में चुपचाप पड़ा है और कम से कम इस वक्त कोई भी उसकी तरफ ज्यादा ध्यान नहीं दे रहा।

पिताजी के बहुत से दोस्त आये और सभी उससे प्राय: एक जैसी ही बातें करके चले गये। सबने पहले तो उसकी तरफ मनोरंजन के भाव से देखा, फिर कहा कि उसे वापस लौटा पाकर उन्हें बहुत अच्छा लग रहा है, फिर सभी घिसे-पिटे सवाल पूछकर और एक-दो उपदेश देकर चले गये। पिताजी भी एक मित्र के साथ चले गये।

जाने से पहले स्वामी से बोले, 'स्वामी, मैं लौटूँ तब भी यहीं मिलना, फिर से तुम्हें ढूंढ़ने न जाना पड़े।' यह बात सुनकर स्वामी को चोट लगी। पिताजी को यह नहीं कहना चाहिए था!

पिताजी के जाने के बाद उसने ज्यादा आज़ादी महसूस की, अब वह दादी और माँ के परिचितों और बुज़ुर्गों से, जो पिताजी के जन्म से पहले से ही परिवार को जानते थे, ज्यादा खुलकर बातें कर सकता था।

ये सभी घूरकर स्वामीनाथन को देख रहे थे और सख्त-सुस्त टिप्पणियाँ कर रहे थे। इनमें स्वामी को घर का रसोइया भी दिखाई पड़ा, जिसे देखकर वह हलके से मुस्कराया। रसोइये ने भी एकाध टिप्पणी जड़ी, और यह कहकर कि अब पिताजी, माँ और दादी सभी खाने-पीने की तरफ ध्यान दें। स्वामीनाथन जवाब में कुछ कहने ही जा रहा था कि एक विधवा कुछ कहती नज़र आई—उसने आँखें घुमाते हुए आसमान की तरफ देखते हुए यह कहा कि ऊपर वाले ने ही बच्चे की रक्षा की, उसी ने सही वक्त पर फारेस्ट अफसर को उसके पास भेज दिया, नहीं तो जंगली जानवर ही उसे खा जाते। इस पर दादी ने कहा कि उसने भगवान तिरुपति के लिए जो कुछ बोला है, वह उन्हें जल्द ही चढ़ाने जायेगी क्योंकि उसी ने बच्चे को मुसीबतों से बचाया है।

माँ इस बीच रसोईघर में थी और वह हाथ में गर्म काफी का एक प्याला, जिसमें ढेर सारी चीनी उसने खास तौर पर स्वामीनाथन के लिए डाल दी थी, और खाने को नाश्ता लेकर बाहर आई। स्वामीनाथन ने खुश होकर सब कुछ बड़ी जल्दी खत्म कर दिया। किचेन में ताज़े बन रहे खानों की खुशबू छन-छन कर यहाँ तक आ रही थी।

स्वामीनाथन पिछली घटनाओं पर सोचने लगा तो उसे शर्म आई कि चलते समय उसने फॉरेस्ट अफसर को धन्यवाद ही नहीं दिया— वह परेशानी से घिरा डिप्टी सुपरिन्टेन्डेन्ट ऑफ पुलिस के उत्तर का इन्तज़ार कर रहा था, कि एक टैक्सी ट्रैवलर्स बंगले के सामने आकर रुकी और उसमें से पिताजी, माँ, राजम के पिता और एक पुलिस अधिकारी उतरे। माँ ने उसे देखा तो कैसा तमाशा किया! पहले तो उसे डर लगा कि राजम के पिता और साथ आया पुलिस अधिकारी उसे हथकड़ियाँ पहना देंगे, लेकिन राजम के पिता तो बड़े ही भले निकले। उसके अपने पिता भी कितना अच्छा व्यवहार कर रहे थे। इससे वह इतना खुश हुआ कि पाँच मिनट बाद ही उसने ड्रिल की क्लास से लेकर, मैच और डाक्टर और हेडमास्टर के साथ हुई सारी घटनाएँ पूरे विस्तार से बयान कर दीं, जिन्हें सुनकर सब लोग हँसते-हँसते लोट-पोट होने लगे। पर इनमें हँसने लायक बात क्या थी? लेकिन माँ ने साड़ी के छोर से अपनी आँखें ढक लीं और हँसी का हर दौर जैसे ही खत्म होता, वह चुपचाप अपने आँसू

पोंछ लेती... बस, इस सब घटनाक्रम में एक बात ठीक नहीं हुई। फारेस्ट अफसर से विदा लेना वह भूल ही गया, जबकि वे कार का दरवाज़ा खोलकर सामने ही खड़े रहे। उसकी आत्मा इस बात के लिए उसे रह-रहकर कचोट रही थी। कितने दयालु थे वे, उन्होंने उसके लिए क्या नहीं किया, वे वापस जाती हुई कार को देखते हुए क्या सोच रहे होंगे, कि चलते हुए इसने मुझसे नमस्ते भी नहीं की, कितना कृतघ्न निकला यह!

इस विषय पर लोग और भी बातचीत कर रहे थे, कि जो हुआ उससे स्वामीनाथन के साथ और क्या-क्या गुज़र सकती थी, कि एक ज़बरदस्त धमाकेदार आवाज़ ने अचानक उनकी बातचीत बंद कर दी—नहीं, एकदम खतम ही कर दी, कहना ज्यादा सही होगा—तूफ़ान की तरह गुज़रता एक लड़का 'अरे... स्वामी... तुम...' कहते हुए उसके पास आ खड़ा हुआ। लोगों ने कुछ देर तक दोनों के मिलनें और खुशियाँ जाहिर करने का शोर-शराबा सुना, इसके बाद स्वामीनाथन और मणि एकसाथ हॉल से बाहर चले गये।

वे घर के पीछे एकांत में बात करने लगे, । मणि बोला, 'मैंने तो समझा तुम मर गये या ऐसा ही कुछ हुआ।'

'मर ही गया था, करीब-करीब...'

'कितने बेवकूफ निकले तुम कि हेडमास्टर से डर गये और इस तरह भाग निकले। राजम ने मुझे सब कुछ बता दिया था। तुम स्कूल आये और मुझे न बुलाकर राजम को बुला लिया... मैं तुम्हारी हड्डियाँ तोड़ डालना चाहता था।'

'मणि, ज्यादा वक्त ही कहाँ था?'

'खैर, तुम्हें ज़िन्दा देखकर मैं कितना खुश हूँ! मैं तुम्हारे लिए बहुत परेशान था... सचमुच। इतने वक्त थे कहाँ?'

'मैं... मैं... मैं ठीक से जानता ही नहीं, कि कहाँ था। कहीं...,' और अपने अटपटे ढंग से उसने रात की सारी घटना और अपने सारे डर उसे बता दिए।

'मैं तुमसे हमेशा कहता रहा हूँ कि दुनिया में तुम सबसे कायर इनसान हो। ऐसा आदमी मैंने कभी नहीं देखा। अगर तुम अपना दिमाग शांत रखते और सड़क पर सीधे चले आते तो घर पहुँच सकते थे। तुम पता नहीं क्या-क्या सोचने लगे!'

स्वामी ने चुपचाप अपनी सब कमियाँ स्वीकार कर लीं और बोला, 'लेकिन मुझे यकीन नहीं होता कि किसी गाड़ी वाले ने मुझे बचाया। मुझे तो उसकी कोई याद ही नहीं।'

मणि ने सलाह दी, 'अब अगर वह आदमी दिवाली या पोंगल के दिन तुम्हारे घर आये तो उसके साथ कंजूसी मत बरतना। उसे तो इनाम में सोना मिलना चाहिए।

अगर वह तुम्हें उठाकर नहीं ले जाता तो तुम्हें चीता खा जाता।'

स्वामीनाथन कहने लगा, 'मैंने एक काम और भी गलत किया है। चलते वक्त फारेस्ट अफसर से नमस्ते भी नहीं की, न धन्यवाद दिया। वह सारे वक्त कार के पास ही खड़ा रहा।'

'इतने पास था वह तो तुमने अपना मुँह क्यों नहीं खोला?'

'कार जब तक काफी दूर नहीं निकल आई, तब तक मुझे ध्यान ही नहीं आया।'

'बड़े बेकार आदमी हो तुम। धन्यवाद तो देना ही चाहिए था।'

'अब बताओ क्या करूँ? खत लिखकर माफी माँगूँ?'

'हाँ, ठीक है। लेकिन पता है तुम्हारे पास?'

'पिताजी को मालूम होगा।'

'लिखोगे क्या उसे?'

'क्या लिखूँगा... पता नहीं। पिताजी से पूछूँगा, क्या लिखना चाहिए। अच्छा-सा खत लिखना चाहिए। उसने मैच के वक्त तक मुझे भेज दिया, कितना अच्छा रहा।'

'क्या कह रहे हो तुम?' मणि ने पूछा।

'बहरे हो क्या? मैंने कहा कि खत में क्या लिखा जाय, यह पिताजी से पूछूँगा।'

'यह नहीं। तुमने मैच के बारे में कुछ कहा था?' यह क्या है?'

'हाँ?'

'तुम पागल हो जो सोच रहे हो कि मैच के लिए तुम आ पहुँचे हो' यह कहकर उसने यंगमैन्स यूनियन के साथ हुए मैच की सब बातें बताईं, और वे किस तरह हार गये यह भी बताया—और यह भी कि एम. सी. सी. के खत्म होने में उसका कितना ज्यादा हाथ है।

'तुमने आज मैच क्यों खेला?' स्वामीनाथन ने धीरे से पूछा।

'लेकिन क्यों?'

'क्योंकि आज तो शनिवार है!'

'यह किसने कहा!'

'फारेस्ट अफसर ने कहा कि आज शनिवार ही है, इतवार नहीं।'

'तुम उससे जाकर कहो कि वह बेवकूफ है', मणि ने ज़ोर देकर कहा।

लेकिन स्वामीनाथन बार-बार यही कहता रहा कि आज शनिवार है तो मणि ने धमकाया, 'फिर यह बात कही तो मैं पटक कर तुम्हारे ऊपर चढ़ बैठूँगा और अँतड़ियाँ निकाल दूँगा', तो स्वामीनाथन चुप होकर सोचता रहा, फिर बोला, 'अब मैं उसे खत नहीं लिखूँगा। उसने मुझे धोखा दिया है।'

'किसने धोखा दिया?

'फारेस्ट अफसर ने...और राजम मेरे लिए क्या कहता है?'

'वह तो बहुत कुछ कहता है... जो मैं बताना भी नहीं चाहूँगा। लेकिन मैं एक बात ज़रूर कहूँगा। अब उसके सामने कभी मत जाना। अब वह तुमसे बात भी नहीं करेगा। वह तुम्हें देखकर गोली भी मार सकता है।'

'मैंने ऐसा क्या किया है?' स्वामीनाथन ने पूछा।

'तुमने एम. सी. सी. को बरबाद कर दिया है। अगर तुम चकमा देना चाहते थे तो वादा ही नहीं करते। कम से कम यह बता देते कि तुम जा रहे हो। तुम राजम से स्कूल में मिले तब यह बात उससे क्यों छिपाई? राजम इसका जवाब चाहता है।'

यह सुनकर स्वामीनाथन रोने लगा और मणि से बोला कि वह उसकी तरफ से राजम को पूरी स्थिति ठीक से बताये, उसे शांत करे और माफी माँग ले। लेकिन मणि ने यह करने से इनकार कर दिया। तुम राजम को नहीं जानते। वह हीरा है। लेकिन उससे पार पाना मुश्किल हे।'

स्वामीनाथन ने ज़बरदस्ती का आशा भाव दिखाते हुए कहा, 'मैं उससे मिलूँगा तो वह ठीक हो जायेगा। कल सवेरे उससे मिलने जाऊँगा।'

मणि कुछ और बात करना चाहता था। कहने लगा, 'और स्कूल जाओगे क्या?'

'हाँ, अगले हफ्ते से जाऊँगा। पिताजी हेडमास्टर से मिल लिये हैं और लगता है, सब ठीक हो जायेगा। उन्हें स्कूल में क्या हुआ, इसका पता था।'

'हाँ, मैंने और राजम ने सब बता दिया था।'

'जो हो, मुझे बोर्ड हाई स्कूल ही पढ़ने जाना पड़ेगा। पिताजी कहते हैं, अब स्कूल नहीं बदला जा सकता।'

विदाई की भेंट

दस दिन बाद, मंगल को सवेरे, पूरी इच्छाशक्ति लगाकर स्वामीनाथन तड़के पाँच बजे बिस्तर से उठा। मालगुडी स्टेशन पर गाड़ी के आने में अभी आधा घंटा बाकी था, इसके चार मिनट बाद वह राज़म को हमेशा के लिए साथ लेकर वहाँ से चली जानी थी।

पिछली रात दस बजे तक स्वामी को यह पता नहीं था– मणि ने आकर उसे यह बताया कि राजम के पिता का तबादला त्रिचनापल्ली के लिए हो गया है और कल सवेरे ही वे सब यहाँ से चले जायेंगे। मणि ने कहा कि उसे यह बात हफ्ते भर से पता थी लेकिन राजम ने उसे कसम दिलाकर कहा था कि स्वामीनाथन को इसके बारे में कुछ नहीं बतायेगा। परन्तु आखिरी वक्त वह अपने पर काबू नहीं रख सका और बताने चला आया।

यह सुनते ही स्वामीनाथन को बहुत खालीपन महसूस होने लगा। अचानक उसे लगने लगा कि दुनिया में उसके लिए कुछ नहीं रहा है। राजम के बिना लाली एक्सटेंशन का इलाका उसे बिलकुल खाली लगने लगा। उसने तय किया कि वह वहाँ अब कभी नहीं जायेगा। वह मणि पर गुस्सा होने लगा। मणि चुपचाप सब सुनता रहा। राजम के बिना दुनिया की स्वामीनाथन कल्पना भी नहीं कर सकता था। अब शाम को वह क्या करेगा? छुट्टियों के दिन वह किसके साथ बितायेगा? अब वह किसे अपना सच्चा दोस्त मानेगा? इसी के साथ उसके मन में अपराध की भावना भी उत्पन्न होने लगी– लौटने के बाद वह एक दफा भी राजम से मिलने नहीं गया था। हर रोज़ जाने की सोचता लेकिन शर्म और अनिश्चय के कारण मिलने का विचार छोड़ देता। कल भी वह यही सब सोच रहा था कि मणि ने आकर यह खबर दी। स्वामीनाथन ने सोचा कि उसी वक्त उसके घर पहुँच जाय, लेकिन...लेकिन... अब भी वह रुक गया। वह कल स्टेशन जायेगा। ट्रेन छह बजे के करीब छूटेगी। वह पाँच बजे स्टेशन पर पहुँच जायेगा।

'मणि, तुम सवेरे पाँच बजे मुझे यहाँ से ले लोगे?'

'नहीं, मैं राजम के साथ उसके घर पर ही सोऊँगा और उसके साथ ही स्टेशन जाऊँगा।'

एक क्षण के लिए स्वामीनाथन के मन में ईर्ष्या की भावना पैदा हुई। मणि राजम के घर पर सोयेगा, अंतिम क्षण तक उसके साथ रहेगा, बारह बजे रात तक बातें करेगा और हँसेगा, और इस सबमें वह कहीं भी शामिल नहीं होगा। उसका मन हुआ कि वह मणि को कसकर पकड़ ले और कहीं जाने न दे।

जब मणि चला गया, स्वामीनाथन भीतर गया, अपना लकड़ी का बड़ा बक्सा खोला और उसके अंदर देखने लगा। वह कोई ऐसी चीज़ निकालना चाहता था जिसे कल जाते समय राजम को भेंट में दे सके। बक्स में लोहे और लकड़ी की तरह-तरह की छोटी-बड़ी चीज़ें भरी थीं। एक था कार्ड बोर्ड का डिब्बा जो कभी स्वामीनाथन को बहुत पसंद था, एक खिलौना घड़ी थी, सूची पत्र था, तस्वीरों की कई किताबें थीं, मशीनों के कल-पुर्जे और दुसरी बहुत सी चीज़ें इसमें भरी थीं। वह आधे घंटे तक इसे खखोलता रहा लेकिन राजम को देने लायक कोई चीज़ नहीं दिखाई दी। सबसे अच्छी चीज़ हरे रंग का इंजन था जो साल भर पहले राजम ने उसे दिया था। अब वह कई जगह से टूट-फूट गया था और डोरे की एक खाली रील और चीनी मिट्टी के एक बर्तन के बीच पड़ा यह खिलौना उसे तरह-तरह की यादों से भरने लगा। वह बहुत भावुक हो उठा। सोचने लगा कि अब वे एक-दूसरे के दोस्त नहीं रह गये हैं इसलिए कि क्या इसे वापस कर दिया जाय। उसने यह ठीक समझकर उठा लिया कि कल स्टेशन जाकर वह इसे वापस कर देगा। फिर कुछ सोचकर उसने इसे बक्स में फिर रख दिया, एक तो इसलिए कि यह इंजन उसे बहुत पसंद था, दूसरे इसलिए कि इतने दिनों बाद प्यार से दी गई चीज़ वापस देना उसका अपमान करना होगा।... राजम पढ़ता भी बहुत था, इसलिए स्वामीनाथन ने तय किया कि उसे किताब देना ठीक रहेगा। लेकिन कोर्स की कोई किताब तो उसे दी नहीं जा सकती थी। उसने एक किताब निकाली जिसकी वह बहुत इज़्ज़त करता था– दरअसल इसी कारण उसने यह किताब अपनी कोर्स की किताबों के साथ न रखकर लकड़ी के इस डिब्बे में सँभालकर रखी थी। यह छोटी सी खूबसूरत किताब थी एन्डर्सन की 'फेयरी टेल्स', जो कई साल पहले पिताजी उसके लिए मद्रास से लाये थे। लेकिन यह किताब वह खुद पूरी तरह पढ़ नहीं सका था। इसमें कई ऐसे शब्द थे जिनका अर्थ उसे पता ही नहीं था और कई शब्द ऐसे थे जिन्हें बोल पाना भी उसके लिए मुश्किल होता था। यही किताब वह राजम को भेंट में देगा। वह डेस्क पर गया और पहले पृष्ठ पर सफाई से लिखा : सबसे प्यारे दोस्त, राजम के लिए।'

दूसरे दिन सवेरे जब स्वामीनाथन अपने हाथ में वह छोटी-सी किताब पकड़े मालगुडी स्टेशन पर पहुँचा, तब अँधेरा ही था। स्टेशन मास्टर तभी बिस्तर से उठा था और मिट्टी के तेल के लैम्प की रोशनी में मेज़ पर बैठा कुछ लिख रहा था। उसके सामने रखी तार भेजने की मशीन खड़खड़ाये जा रही थी, लेकिन इस पर उसका ध्यान नहीं था।

बाहर एक कार आकर रुकी। स्वामीनाथन ने देखा, राजम, उसके पिता, माँ, कोई एक जिसे वह जानता नहीं था, और मणि नीचे उतर रहे हैं। राजम को देखते ही उसके मन में झिझक पैदा हो गई। बिलकुल 'यूरोपियन बाय' दिखता उसका कैप्टेन प्लेटफार्म पर चला जा रहा था। उसके कपड़े और चाल-ढाल ही स्वामीनाथन के मन में छोटा महसूस करने के लिए काफी थे। वह फौरन पीछे हट गया और कोशिश करने लगा कि किसी को दिखाई न दे।

इसके तुरंत बाद प्लेटफार्म पर पुलिस अफसरों और सिपाहियों की भीड़ लगनी शुरू हो गई। अब राजम तक पहुँचना मुश्किल था। वह वर्दियां पहने लोगों के बीच अपने पिता के साथ खड़ा था। स्वामीनाथन इस कतार के बीच एक जगह दो सिपाहियों के बीच थोड़ी सी जगह से उसके बायें पैर का एक हिस्सा भर देख पा रहा था। सिपाही सरक आये तो यह भी दिखना बंद हो गया। अब स्वामीनाथन इधर-उधर घूमकर देखने लगा कि कोई खाली जगह मिले जहाँ से उसे देख सके।

तभी ट्रेन आती दिखाई दी। प्लेटफार्म पर हलचल मच गई। ट्रेन सूँ-सूँ फूँ-फूँ करती धीरे-धीरे प्लेटफार्म पर पहुँचने लगी। लोगों की भागदौड़ बढ़ गई। राजम और उसके लोग किनारे की तरफ बढ़ने लगे। दर्जन-भर सिपाही दूसरें दर्जे के एक डिब्बे में दौड़-दौड़कर सामान रखने लगे। राजम की माँ भीतर घुस गईं। खुद राजम और उसके पिता डिब्बे के बाहर खड़े रहे। अब पुलिस अफसरों ने उन्हें पूरी तरह घेर लिया और मालाएं इत्यादि पहनाने लगे। यहाँ भी राजम की एक हलकी-सी झलक दिखाई दी– उसके गले में गुलाब के फूलों की एक बड़ी सी माला पड़ी थी।

तभी स्वामीनाथन को मणि दिखाई देगा।

'मणि, राजम जा रहा है!'

'हाँ, स्वामी, जा रहा है।'

'मणि, राजम मुझसे बात करेगा?'

'अरे हाँ, क्यों नहीं करेगा?' मणि ने कहा।

अब राजम और उसके पिता भी डिब्बे में घुस गये थे। दरवाज़ा बंद करके उसका हैंडिल घुमा दिया गया था।

'मणि, यह किताब राजम को देनी है', स्वामीनाथन ने कहा। मणि को लगा कि

बहुत कम वक्त रह गया है। घंटी बजी। वे भीड़ को धकेलते आगे बढ़े और खिड़की तक पहुँच गये। स्वामीनाथन को अपने ऊपर कुछ दिखाई नहीं दे रहा था। भीड़ पीछे से धक्का दे रही थी। मणि जाकर डिब्बे में मुँह डालकर चिल्लाया, 'स्वामी तुमसे गुडबाई करने आया है।' स्वामीनाथन पंजों के बल खड़ा हो गया। भीतर से एक चेहरा बाहर निकला और बोला, 'गुडबाई, मणि, मुझे याद रखना चिट्ठी लिखना।'

'गुडबाई...और यह स्वामी है,' मणि बोला। राजम ने गर्दन टेढ़ी करके देखा। स्वामी की नज़रों से उसकी नज़रें मिलीं। उसे देखते ही स्वामीनाथन का धीरज टूट गया और रो पड़ा, 'राजम, राजम... तुम जा रहे हो... अब कब आओगे?'

राजम उसे बिना कुछ बोले देखता रहा और फिर स्वामीनाथन को लगा– मुँह खोलकर कुछ कहने की कोशिश की, कि तभी गार्ड की सीटी और इंजन की मोटी आवाज़ में सब डूब गया। फिर रेल की ज़ंजीरें खड़कीं, और एक लंबी सूँ... के साथ ट्रेन ने आगे बढ़ना शुरू कर दिया। राजम का चेहरा भीतर चला गया।

स्वामीनाथन निराश होकर मणि से कहने लगा, 'मणि, यह किताब राजम को देनी है', और ज़बरदस्ती उसके हाथों में किताब थमा दी।

मणि ने किताब लेकर ट्रेन के साथ प्लेटफार्म पर दौड़ना शुरू किया और चिल्लाकर बोला, 'राजम, स्वामी तुम्हें यह किताब दे रहा है।' राजम ने हाथ बाहर निकाला, किताब पकड़ ली और हाथ हिलाया। स्वामीनाथन भी उसकी तरफ ज़ोर-ज़ोर से हाथ हिलाने लगा।

स्वामीनाथन और मणि जहाँ खड़े थे, वहीं देर तक चिपके खड़े रहे और ट्रेन को जाते देखते रहे। आखिरी डिब्बे में लगी लाल बत्ती देर तक दिखाई देती रही। हर मिनट बाद वह छोटी होती जाती और ट्रेन को पटरी पर जरा-सा मुड़ते ही गायब हो गई। ट्रेन की सारी सड़क, धमक, चमक और सूँ-सूँ-फूँ-फूँ भी धीरे-धीरे कम होते-होते अंत में एक हलकी-सी 'आह' बनकर खत्म हो गई।

स्वामीनाथन ने कहा, 'मणि, मुझे खुशी है राजम ने किताब ले ली। उसने मेरी तरफ हाथ भी हिलाया। ट्रेन चली तब वह कुछ कहना भी चाहता था। मणि, उसने मेरे लिए ही हाथ हिलाया था, मेरे ही लिए... इससे इनकार मत करना।'

'हाँ, हाँ', मणि ने मान लिया।'

अब स्वामीनाथन फूट कर रो पड़ा।

मणि ने कहा, 'स्वामी, बेवकूफ मत बनो।'

'अब वह मेरे बारे में सोचता है?' स्वामीनाथन ने पागल की तरह सवाल किया।

'क्यों नहीं', मणि ने कहा। फिर कुछ देर ठहर कर बोला, 'चिंता मत करो।

अगर तुमसे उसने बात नहीं की तो वह चिट्ठी जरूर लिखेगा।'

'क्या मतलब है तुम्हारा?'

'उसने कहा था मुझसे', मणि ने उत्तर दिया।

'लेकिन उसे मेरा पता तो मालूम ही नहीं।'

'मुझसे पूछा था... मैंने दे दिया है,' मणि ने कहा।

'नहीं, नहीं, तुम झूठ बोलते हो। अच्छा बताओ, क्या है मेरा पता?'

'पता है... पता है... जो भी है, कोई बात नहीं। मैंने उसे दे दिया है।'

स्वामीनाथन उसका चेहरा देर तक यह जानने के लिए देखता रहा कि वह मज़ाक कर रहा है या नहीं। और मणि के चेहरे से कुछ पता नहीं चलता था।

❑❑❑